すべての物事は、プラスもマイナスもなく、
ゼロでありニュートラル（中立）である。
幸も不幸も存在しない。そう思う心があるだけ。
見方を変えればすべてが変わる。

――小《こ》林《ばやし》正《せい》観《かん》（心理学

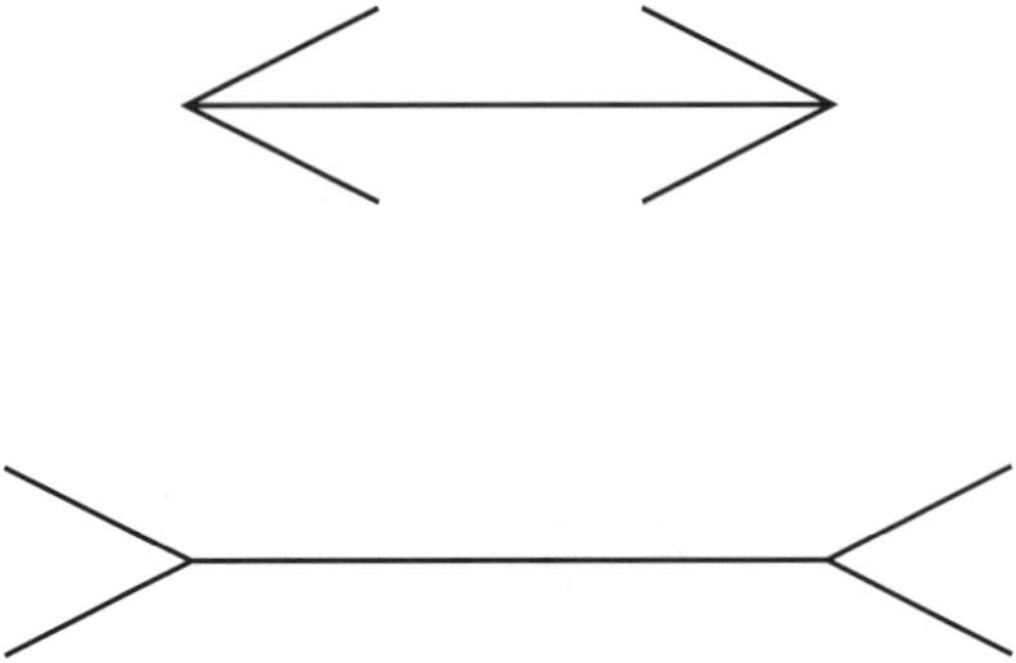

ミュラー・リヤー錯視

まずはこちらの2本の線を
ごらんください。
どちらが長いと思いますか?
下の線の方が
あきらかに長く見えますよね?

では定規ではかってみてください。
実際はどちらも
まったく同じ長さの線分です。

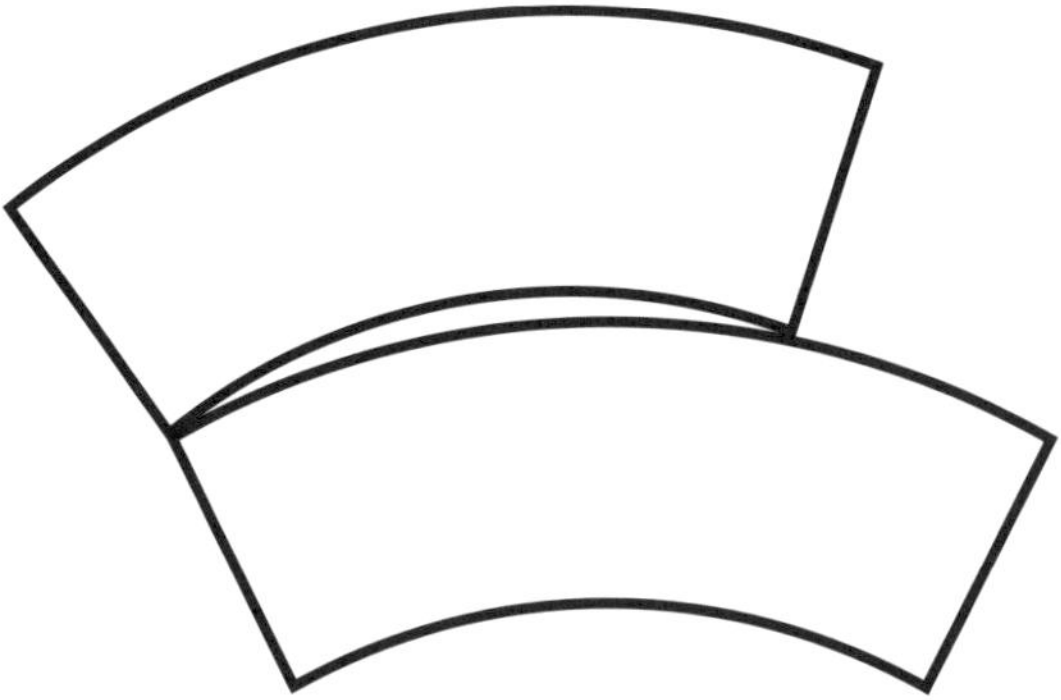

ジャストロー錯視
出典「北岡明佳の錯視のページ」
http://www.ritsumei.ac.jp/~akitaoka/

今度はどちらが大きいと思いますか？

内側にあるカマボコの方が
あきらかに大きく見えますよね？
しかし、これも実際は
まったく同じ大きさなんです。
見ている分には信じられないですが、
切り取ってみれば
まったく同じだとわかります。

先のイラストを見て、どうだったでしょうか？

あなたが正しいと認識していることも、案外、そうでなかったりするんです。

まずは自分は、物事を正しく、ありのままに見ていないという事実を認識してください。

そのうえであえて断言しましょう。

その〝いい加減〟な見方を〝良い加減〟に変えて見ればいいのです。


正しくものを見るために、人生が存在しているわけではないんです。

正しくものを見られるようになるには、最低100年はかかるでしょうから。

じゃあ、どうすればいいのか？

〝正しく〟見ようとするのではなく、自分が〝楽しく〟なる見方をすればいいんです。

例えば、写真のレンズというのは無数にあって、どのレンズを使うかで同じ風景でも、世界の見え方がまったく変わってきます。写真家は、この風景をどう見たいかによって使うレンズを自由に選ぶわけです。

いままでは、辛《つら》いことに対しては、「不幸」としか捉えられていなかったと思います。

でも、不幸の中にだって幸せは隠れているんです。不幸の背後にひそむ「希望」に目を向ける見方だってあるんです。

この本は、あなたの、「ものの見方」の選択肢を広げる本です。

つまり、あなたをもっと自由にする本です。

もっと自由に、この世界を遊べるようになるために、この1冊を贈ります。

プロローグ

「13点のテストの見方」

うちの息子が小学生の低学年のときです。
学校の宿題のノートにこう書いているのを目にしました。

3＋7＝7

これは算数では一番やってはいけないミスです。
算数では、3＋7＝7と絶対に書いてはいけないんです。
3＋7＝7。

足してるのに増えてない……。

つまり、足し算の概念を根本からわかっていないことを証明してしまう致命的なミスだからです。僕は息子に聞いてみました。

「算数のテスト、ぜんぜんわかんないだろ?」

すると、息子はこう答えました。


「大丈夫だよ。とおちゃん」


何が大丈夫なんだよって思いましたが、息子はこう言うのです。

「テストのときは、後ろの子の答えを見てるから大丈夫だよ」

この発言で、息子は、かみさんから、こっぴどく叱られたわけですが、僕は心の中で密かに感心していたんです。

芸術家の岡本太郎はこう言っています。


「道がふたつになったときに、あえてあきらかに損だという道を選ぶのが芸術家だ」と。

普通、席が横の子のを見るのがカンニングの鉄則です。
しかし、息子は後ろの子、あきらかに困難な道を選んでいるのです。
そうか。息子よ、キミは芸術家、アーティストだったんだね。
でも、そのわりにテストは8点とか13点ですから、僕は息子に聞いてみました。
「カンニングしてるわりに、いつも算数の点数低いよね？」
すると、息子はこう答えたんです。

「うん。後ろの子が間違ってるからしょうがないんだよ。ははははは」

このあきれた発言に、かみさんは再び激怒です。しかし、僕は「そうか。うちの子は相手のミスを笑って許せる優しい子に育ってくれたか」と感心したのです。
また、あるとき、息子が僕の肩をマッサージしてくれたことがあり、僕はおだちんに10円を渡したんです。すると、息子は「とおちゃん。ありがとう」と言って10円をにぎりしめて、自分の机の方に走って行きました。戻ってくると、「とおちゃん、お釣りだよ」と。お釣りを見ると、なんと、

100円でした。

10円渡したのにお釣りが100円。
算数が苦手って素晴らしいじゃありませんか！

うちの息子は受けた恩は10倍返しなのです。

この話はもうちょっと続くんですが、これを僕の発行しているメールマガジンで配信したときに、なんと出版依頼を4社からいただきました。「息子さんとひすいさんのやり取りが面白いので本にしてほしい」とか「エッセイにしてほしい」「マンガにしたい」というお話もありました。

これらの話は、うちのかみさんから見たら、息子を叱っている話なんです。

3＋7＝7ですし、カンニングしてるわけですからね。

でも僕から見たら、出版依頼をいただくような話になっている。

本にしてある程度売れたとしたら、何百万円かいただける話になっているわけです。

（とはいえ、叱ることだって大事なので、うちの場合は、かみさんは叱る役割で、僕は、いいところを見るという役割分担に自然になっている感じです）


同じ事実に対して、怒ることもできる。

同じ事実に対して、面白がり、さらに何百万円かいただくことだってできるのです。

ものの見方次第で、人生に革命が起きます。

たとえ、犬のうんちを踏んだとしても、
たとえ、大ピンチにおいこまれたとしても、
たとえ、絶望の底に陥ったとしても、

たとえ、妻が悪妻でも、夫がどうしようもない男でも、ものの見方次第で、それを面白がれて、その結果として、行動を変えて、状況を変えることだってできるのです。

人生を退屈にするか、面白くするかは、「現実」が決めるのではありません。「考え方」が決めます。

問題を問題だと感じる、その見方が一番の問題だったのです。

人の心の流れはこのように流れて現実に影響を与えます。

「出来事」→「思考」（考え方、捉え方、受け止め方）→「感情」→「行動」→「相手の反応」→「結果」

つまり、「結果」を変えようと思ったら、この流れのどこかを変えればいいわけです。

この流れを川の流れにたとえると、「思考」を変えることは、川の源流を変えることになります。起きる「出来事」を変えることはできませんからね。

起きた出来事をどう捉え、どう考えるかという「思考」が変わると、「感情」に変化が起き、「行動」に違いがあらわれて、「相手の反応」が変わり、「結果」(現実)が変わっていくのです。

思考を変えれば、「最悪」をも「最高」にできるのです!

「おもしろき　こともなき世を　おもしろく　すみなすものは心なりけり」

これは、幕末の革命児、高杉晋作の辞世の句として伝わるものですが、面白くもなんともない時代でも、心次第で、面白く生き抜ける、というわけです。

では、これから、人生を100倍楽しくする考え方、ものの見方を、クイズ形式にしてお伝えしていきます。

題して、「ものの見方クイズ」

読み終わる頃には、「最悪」を0・1秒で「最高」にできる人になっていることでしょう。これまで見ていた風景が360度ガラリと変わります。

もとい。180度ガラリと変わることでしょう。

これから、あなたの世界に対する解像度に革命が起きます。

では、はじめましょう。

目次

プロローグ「13点のテストの見方」……6

第1章 天才たちの見方道
——あの人はこんな見方をしていたのか!……23

ソクラテス式・悪妻(悪夫)の見方……25
哲学者ソクラテスはこう言っています。「ぜひ結婚しなさい。よい妻を持てば幸せになれる。悪妻を持てば○○になれる」さて、○○とは?

秋元康式・運の見方……38
タクシーから降りたその足に、なんと犬のウンコが直撃!このとき、作詞家の秋元康さんは感動して動けなくなったそうです。なぜ感動したのでしょうか?

大富豪の見方……48
うどん屋さんで、うどんに追加して頼んだおにぎりが売り切れていたとき、

日本一の大投資家・竹田和平さんは、お店のスタッフになんと言ったでしょうか？

「奇跡のリンゴ」の木村さん式・敵の見方 …… 62

人類で初めてリンゴの無農薬栽培に成功し、
「奇跡のリンゴ」として映画化もされた木村秋則さん。
その木村さんが長年の研究で、最終的に辿り着いた境地は、
「●はいなかった」でした。さて、その●とは？

第2章 お金の見方
——お金がドンドンやってくる人の考え方 …… 75

鈴木おさむ式・悲劇の見方 …… 77

友人が、1億円の借金を背負い、1日200件も怖い取り立ての電話で
苦しんでいたとします。さて、こんなときあなたならどう励ます？

矢沢永吉式・30億円の借金の見方 …… 87

信頼していた部下にだまされて30億の借金を背負ってしまった矢沢永吉さん。

「もうダメだ」と落ち込む日々のなか、この出来事を○○だと思えばいいと考えたら開き直れたそうです。その○○とは？
宮崎駿式「面倒くさい」の見方……98
宮崎駿監督がいつも若いスタッフに言っていた映画づくりの三原則というのがあります。一つめは「面白いこと」二つめは「つくるに値すること」。そして三つめは何でしょう？
「金がない」の見方……110
『グローバル・リッチ・リスト』というサイトにあなたの年収を入れてみてください。あなたの収入は世界ランクでどれくらいになると思いますか？
第3章 夢を叶える見方
――夢がアッサリ叶う人はこう考える！……121
夢の見方1 日本チャンピオン編……123

日本チャンピオンの格闘家たちには共通点があるそうです。
それは、ベルトをどこにしまったか忘れていること。それはなぜ？

夢の見方2　人気絵本作家・のぶみ編 …… 132

人気絵本作家の、のぶみさん。オーラが見える人に、
「のぶみさんのオーラは赤と青にクッキリ分かれていますね」と言われたときに
こう返しました。「要は、金色ってことですね」と。さてその真意とは？

仕事が行き詰まったときの見方 …… 141

日本一の大投資家・竹田和平さんは会社の赤字とは「〇〇」を忘れた状態だと
言いました。さて何を忘れると、赤字になるのでしょうか？

運命の見方 …… 148

遺伝学者、木村資生さんによると、生き物が生まれる確率は、1億円の宝くじに
〇回連続で当選するのと同じだといいます。さて何回連続でしょうか？

第4章　マイナスがプラスに反転する見方

──あ、こんな見方があったのか！……157

思い通りにいかないときの見方……159

「福島先生ならどんな居酒屋をつくりますか？」

いつか自分の居酒屋をひらきたいという夢をもつ若者がコンサルタントの福島正伸先生に、そう質問しました。福島先生の回答はこうでした。

「私なら1種類しかメニューのない居酒屋をつくります！」さて、その心は？

「寂しい」の見方……171

「いまから死にたい」友人がそう電話をかけてきたら、あなたは電話口でまずなんと言う？　心理学博士の小林正観さんは、あろうことか「コロッケをつくってほしい」と切り出したのです。その心とは？

0点の見方……180

うちの息子が、あと3カ月で高校受験というタイミングで、英語で0点を取ってきました。「とおちゃん、0点初めて見たよ」と伝えると、息子は笑いながらなんと言ったでしょうか？

空腹の見方……192
1000人の弟子がいて、100%当たるといわれた江戸時代の天才占い師が辿り着いた究極の開運法とは、「○○し過ぎないこと」。さて、その○○とは?

「もうムリ」不可能の見方……203
1000名で二人三脚をして、ギネスブックに挑戦。
……のはずが、イベント当日、参加者はわずか400名しか来なかった。
イベント開始まであと3時間。さあ、こんなとき主催者のあなたはなんと言う?

第5章 心がピカーンと晴れわたる人生の見方

——昨日までと人生がガラリと変わる!……215

怒りたいときの見方……217
大至急やるように頼まれて、徹夜でやった仕事が、
「企画が変更になり白紙に戻りました」との連絡が入り、がんばった仕事がムダに。
普通なら「ふざけんな!」って言いたくなる場面。
さて、こんなときなんて言う?

ゴミの見方 228
水晶や翡翠などの宝石を身につけると運気が上がると言われていますが、世界最強、この世で一番運気の上がるアイテムは何かというと、なんと、「巾着袋」だそうです。さて、その心は?

ツラい過去の見方 235
過去は変えられないっていわれます。
しかし過去を変える方法はひとつだけあるんです。
それは○○を変えることです。さてその○○とは?

コンプレックスの見方 240
神様は幸せをプレゼントしてくれない。
神様がプレゼントしてくれるのは、いつも「○○」である。さて、その○○とは?

ラストメッセージ
人生の見方 250
インドの王様の、ある家臣は「これについて、おまえはどう思う?」と王様から聞かれると、必ずあるセリフを言ったそうです。

装幀　水戸部 功
図版　J-art

第1章

天才たちの見方道

——あの人はこんな見方をしていたのか！

ソクラテス式・悪妻（悪夫）の見方

哲学者ソクラテスはこう言っています。
「ぜひ結婚しなさい。
よい妻を持てば幸せになれる。
悪妻を持てば○○になれる」
さて、○○とは？

回答例

「立派な修行僧になれる」——空海（香川）

「立派なダンナになれる」——あかり（神奈川）

「立派な家来になれる」——のりりん（愛知）

「会社に行くのが楽しみになる」——喜一桜（神奈川）

「その妻が幸せになれる。
（悪妻になるまでには、
きっと辛い過去があったはずだから）」――ドラ（鳥取）

「世の女性がみんな素敵に見える」――みずき（東京）

「一生ネタに困らない、
自虐ネタのコメディアンになれる」――たのだるまん（大阪）＆けい（京都）

「ひすいこたろうのようになれる」――ひすいこたろう

クイズの正解はおいおい説明しますので、まずは、僕の実例からお話させていただきます。

僕のデビュー作は、『3秒でハッピーになる名言セラピー』というタイトルです。

「3秒でハッピーになれるわけがない」

ってよく言われます。

でも、僕自身が、不幸から一転、3秒でハッピーになったことがあるんです。

かつて、妻と離婚したい時期がありました。

そのことで悩んでいたときに、心理学博士の小林正観さんの講演に参加したのです。そこで、僕の人生に〝革命〟が起きたのです。

日本人は、極めるのが得意で、その過程を「道」と表現し、お茶は茶道、書は書道、剣は剣道と、道になるまで洗練させていきましたが、正観さんは、ものの見方を「道」にまで昇華させた、まさに見方道の家元といっていい存在です。

正観さんの講演に行く前は、僕は確かに離婚したかったんです。

でも、正観さんが〝ある話〟をされた3秒後、僕は妻への感謝があふれ、ハッピーになってしまったんです……。

その話をする前に、まず、僕の妻の話をさせていただきますね。

処女作『3秒でハッピーになる名言セラピー』が刷り上がったときに、僕はうれしくて、うれしくて、真っ先に妻にプレゼントしました。すると、妻はペラペラとページをめくり、ひとこと、こう感想を述べたんです。

「ねえ、これ、ありがちじゃない？」

ダンナのデビュー作に対して、これ、衝撃的な発言じゃないですか？

まだまだあるんです。このデビュー作がベストセラーになり、続編が出ることになり、また見本が届いたときも僕は真っ先に妻にプレゼントしました。すると、妻はページをペラペラとめくり今度はこう言ったんです。

「ひすいこたろう、終わったな～」

ありえないですよね？

残念ながら、さらにあるんです。僕の本がインターネット書店のアマゾンで、総合部門で1位になったときのことです。僕は妻にパソコンの画面を見せて、「見て見て。オレ、いま1位！　ジャニーズの写真集を抜いて1位だから」と興奮して伝えました。

すると、妻はこう言ったんです。

「あんたが何位になろうが、家庭じゃ最下位でしょ？」
これが、ザ・ひすいこたろうの妻です！

もし、これがあなたのパートナーだったら、どうでしょうか？

普通、ケンカになりますよね？

そんな妻に対して、僕は、どう反応しているかというと、

「酷すぎる！　もうおまえとなんか暮らせないっ！」

きっと、正観さんの話を聞く以前の僕だったら、そう言っていたでしょうね。

でも、これらのことは、正観さんの話を聞いたあとだったので、妻にそんなふうに

言われても、

「おまえ、ほんと、コメント面白いよね」

って妻と笑い合えているんです。

正観さんは講演でこうおっしゃったんです。

「人間は、けなされてばかりだと枯れてしまいますが、褒められてばかりでも天狗になってしまう。理想的なのは50％―50％のとき。そして、実は人間はどんな人でも、自分への賞賛が50％、自分への批判が50％になっている」というのです。

僕は、この日、正観さんの講演は初めてだったので、「あ、この先生間違っている」って思いました。というのは、僕は、その頃、広告をつくるコピーライターとしての仕事が絶好調で、褒められることが多く、批判や逆風が50％あるとはとても思えなかったからです。すると、正観さんはこう続けました。

「この話をすると、『それは間違っています』と必ず言う人がいます」

うん。うん。だって間違ってるもん。僕は思いました。ところが……。

「そういう人は逃げられないところに痛烈にあなたを批判してくれる人がいるはずです。例えば……奥さまとか」

!!!

この瞬間、僕の天地がひっくりかえりました。50%―50%。これは人数のことじゃなくて、「総量」なんだそうです。例えば、自分を賞賛してくれる人が十人いて、批判者が一人いるとすると、このたった一人の批判者がものすごい逆風を吹かしてくれるんだそうです。で、その一人はたいてい自分が避けて通れない場所に存在しているのだとか。そう、家庭とか職場です。

ここで僕は気づいたわけです。僕が仕事で褒められることが多いのは、妻が強力に僕に逆風を吹かせてくれていたおかげだったんだと。妻はたった一人で僕のために孤軍奮闘してくれていたのかって。

そう思ったら、

「辛口な妻よ、いつも僕をけなしてくれてありがとう」

僕は思わず妻を抱きしめそうになりました（笑）。

実は、それからほとんどケンカがなくなったんです。初めての本に妻から「これ、ありがちじゃない？」と言われたときも、「おまえらしいな」と僕は笑うことができました。僕が笑えば彼女も笑う。お互いにケンカにならなくなったのです。

同じ現象に対しても、見方が変われば、そこで湧き上がる感情が変わります。感情が変わると言動が変わり、人生が変わるんです。

羽田空港から沖縄に向かう飛行機、日によって飛び立つ方向が違うってご存知でしたか？

北の日もあれば南の日もあれば東の日もあれば西の日もある。沖縄の方向は変わらない。でも飛行機は日によって飛び立つ方向が違うんです。それは、飛行機は逆風に向かって走ることで飛び立てるからです。風の向きは日によって違いますから。

逆風があるから空高く舞い上がれる。

妻からの逆風を見事に受けて、僕は空高く舞い上がり、4冊連続ベストセラーにしていただくという快挙を成し遂げました。これは妻が身をもって逆風になってくれたおかげでしょう（笑）。

では、いよいよクイズの答え。世界三大悪妻として知られるソクラテスの妻クサンチッペの例をご紹介しましょう。

哲学者ソクラテスの妻の逆風ぶりもすごかった。

だって、クサンチッペ。名前から逆風です（笑）。

あるときクサンチッペはソクラテスを激しく怒鳴り、最後には、桶《おけ》で頭から水をぶっかけたんです。それを見ていたソクラテスの弟子たちが「ソクラテス先生、先生はあんなに奥さんに好き放題されたままでいいんですか？」と迫りました。それに対するソクラテスの答えは……。

「雷の後は雨がつきものだ」

と、まずジョークを飛ばしてから、弟子たちにこう言っているのです。

「ぜひ結婚しなさい。よい妻を持てば幸せになれる。悪妻を持てばわたしのように哲学者になれる。

この人とうまくやっていけるようなら、他の誰とでもうまくやっていけるだろうからね」と。

さいわいなるかな、ひすいこたろう、僕も哲学者コースです！

え？　あなたも？（笑）

以前、ある霊能者さんにこう言われたことがあるんです。

「ひすいさんの運勢は奥さんから来ていますね」と。

「逆風」＝「運の貯蓄」だったわけです。

このことが事実かどうかはわかりません。でも、そう考えるようになってから、気持ちよく逆風に乗れるようになったんです。

「ひすいさんは、本が売れても、昔とまったく変わらないですね。すごく謙虚ですよね」ってよく言われます。でも実際は、

謙虚じゃないと、いられないんです。

家庭に！（笑）

すべては妻のおかげです。「逆風」はふりかえれば「追い風」です。

悪妻（悪夫）の見方

「逆風」は「運の貯蓄」と捉え、空高く舞い上がれるときと感謝する。
逆風を吹かせてくれてありがとう。
空高く舞い上がらせてくれてありがとう。
いつも謙虚でいさせてくれてありがとう。

悪妻（悪夫）に感謝するレッスン

ちなみに、小林正観さんはご主人を「隣のおじさん」だと考えてみようと提案されていました。隣のおじさんが、毎月、稼いだお金を届けてくれたら、ものすごくありがたいですよね？（笑）。それをしてくれているのがご主人なんです。

そして、妻のことは、「隣のおばさんだと考えてみましょう」と。

隣のおばさんが、毎日料理をつくりにきてくれていると考えたら、感謝の気持ちが湧き上がりますよね？（笑）

秋元康式・運の見方

タクシーから降りたその足に、
なんと犬のウンコが直撃!
このとき、作詞家の秋元 康《あきもとやすし》さんは
感動して動けなくなったそうです。
なぜ感動したのでしょうか?

場所はロサンゼルス。タクシーから降りて、一歩目がウンコ直撃だったら……。

あなたならどう思うでしょうか？　どうつぶやくでしょうか？

普通なら「ツイてない！」って思う場面です。

しかし、作詞家の秋元康さんは、この場面、感動してその場から一歩も動けなくなったそうです。

ウンコを踏んで感動ですよ。

一体、どういう見方をしたら、ウンコを踏んで感動できるのでしょうか。


ロサンゼルスでタクシーを降りた一歩目にウンコがある確率。

そしてそれを見事に踏む確率。

もしロサンゼルスの友達に電話をして迎えにきてもらっていたら、タクシーに乗ることはなかったのでウンコは風化していた。犬がここを通る前だったらそもそもウンコはなかった。すべてが重なったから、このウンコを踏める確率にドンピシャで行き当たることができた。その確率の低さに思いを馳せたら、秋元さんは感動で一歩も動けなくなったそうです！

これだけ低い確率をくぐりぬけて俺はウンコを踏んだんだと。

あ、あ、秋元さんって……。

「これを踏めるやつは誰もいない！」

あ、秋元さん、そんな誇らしげに……。

「すごいな、おれは」

秋元康

ウ、ウンコひとつで、そこまで思える秋元さんって……（笑）。

さすがです。これぞ、ものの見方検定1級の考え方です。

ちなみにこの秋元さんの話はNHKの取材で、勝間和代さんのインタビュー中に出た話題なのですが、勝間さんはタクシーでのこと、こう聞いているんです。

「ソレは（ウンコは）さすがに取ったんでしょうか？」

秋元さんの答えは、

「必死に取りましたよ」（笑）

秋元さんは言います。

「エジソンは『成功とは99％の汗と1％の才能である』と言ったようですが、僕の場合は、98％の運と1％の才能と1％の努力じゃないかと思うんですよ」

自分より努力してる人は世の中にいっぱいいる。

自分より才能がある人も世の中にいっぱいいる。

だからこそ、大切なのは「運」じゃないかと秋元さんは言うのです。

じゃあ、どうすれば運がよくなるのか？

それは……

「自分は運があると思えばいいだけなんです」

犬のウンコを踏んでも感動できたのは
「自分は運がいい」と秋元さんは**決めている**からです。

だから、こんな低い確率をくぐりぬけて、ウンコを踏めたと感動できるのです。

運がいいと思えば結果が出ないときもあきらめない。オレは運がいいからいつか夢に届くと思える。

「夢というのは、ぐーっと全力で手を伸ばした1ミリ先に存在している」と秋元さんは言います。

あきらめなければいつかその１ミリ先に届くのです。

あきらめないでやれるかどうかは、自分が運がいいと思えるかどうかにかかっています。自分は運がいいと思えるかどうか、秋元さんは、そこが一番大事だと言います。だって、人間の能力なんて変わらないからと。

自分は運があると思えばいいだけ。

そこに根拠はいらないんです。

運がいいと思えるということは、思考に革命が起きていることになるのです。

運がいいということは、自分の向かう未来は、×ではなく○だと思えるからです。だって運がいいんですから。

つまり、嫌なことや辛いこと、思い通りにいかない現実に直面しても、その先には○が待っていると思えると、嫌なことが、未来を阻《はば》む「壁」ではなく、未来へつながる「扉」だと思えるようになるのです。

「壁」だと思えば、あきらめてしまう人も出るでしょう。でも、「扉」だと思えばあきらめない。すると、1ミリ先に届くのです。

自分は運がいいと思うことは、いろいろ起きるだろうけど、最後はハッピーエンド。未来はバラ色だって決めちゃうことになるんです。

ちなみに経営の神様、松下幸之助は、面接のときに必ず、こう質問したそうです。

「あなたの人生はいままでツイてましたか？」

どんなに優秀でも、「ツイてません」と答えた人は採用しなかったそうです。「自分は運がいい」「ツイてる」と言える人の深層意識には、「自分の力だけじゃない」というまわりに対する感謝の気持ちが必ずあるからだそう。

どうです？

あなたはツイてますか？

運がいいですか？

ギターをひくのだって、絵を描くことだって、クッキーをおいしく焼くのだって、技術がいるしセンスがいる。でも、自分は運がいいと思うことには、技術はいらない、センスもいらない。

そして、そこに根拠もいらないんです。

もう、「自分は運がいいんだ」と決めるだけです。

あとは練習です。何が起きたって、「運がいい」と言い続けるんです。水をこぼしたときも、「なんて運がいいんだ。これがコーラだったらシミになっていたし、青酸カリだったら飲んで死んでたな」とか（笑）。ダッシュしたのに電車に間に合わなかったときは、「なんて運がいいんだ。朝からこんなに運動ができて」と思えばいいし、今日のひすい家のように、おなかをすかせて帰ったのに、妻が夕飯をつくってくれていなかったときでも、「運がいいな〜。おかげでダイエットができる！」。

そう思って歯をくいしばるんです（笑）。

運がよくなる見方

運の正体は「考え方」。

根拠はいらない。「自分は運がいい」と決めちゃおう。

自分がどう思っているか、というのが自分の世界なんです。

運がよくなるレッスン

とはいえ、どうしても「運がいい」とは思えない方にも、とっておきのレッスンをご用意しています。

次のことを3カ月実践してもらえたら、あなたは運がいい人になれます。

鏡に向かって自分の瞳を優しく見て、「私はなんて運がいいんだろう」と言うのです。自分の目を見ながら言うと、潜在意識にストンと言葉が入ります。

「わたしは運がいい。おまけに、かわいい」と、ついでにあれこれ加えるのもアリです（笑）。

続ける秘訣は、朝、歯を磨いたときや、お風呂に入るときなど、「やる場所」と「時間」を決めることです。だまされたと思って3カ月やってみてください。これ、すごい効果がありますから、効果はお楽しみに。

大富豪の見方

うどん屋さんで、
うどんに追加して頼んだおにぎりが
売り切れていたとき、
日本一の大投資家・竹田和平《たけだわへい》さんは、
お店のスタッフになんと言ったでしょうか？

大富豪は、やっぱり、ものの見方が違います。

「日本一の大投資家」「日本一の大株主」といわれ、所有する株の時価総額はなんと１３０億円！

１００社以上の上場企業の大株主が竹田和平さんです。竹田製菓をつくり、お菓子のタマゴボーロの全国シェア60％を達成したのは和平さんが弱冠23歳のときです。

以下の話は、コンサルタントの本田晃一さんとお会いしたときに教えてもらったエピソードです。本田さんは、和平さんのもとで社長も務めたことがある方です。

本田さんは和平さんのもとで働くときに、ワクワクしたと言います。なんせ、日本一お金に愛されている大富豪から間近で学べるわけです。どんな投資法をしてるんだろう？　どんな資料に基づいて判断するんだろう？

しかし！

和平さんに秘密はなかったそうです。投資に関しては普通に誰もが見るような会社四季報を見て、新聞を見て、あとはバインダーがひとつあるくらい。しかも和平さん

とずっと一緒にいてもいかに稼ぐかという話題が何ひとつ出てこない。和平さんから出てくる発想はいつも、

「いかにまわりに与えようか」「いかに喜んでもらえるか」

そればかり……。

そのために、竹田さんは「お城」を作ったりしているんです。子どもたちが楽しく、お城の中で、お菓子づくりを体験できるんです。女の子は大喜びです。お城ですから、ドレスの貸し出しもあり、すぐにシンデレラ気分になれます。お菓子を食べてくれる子どもたちをもっと喜ばせてあげたい！　という発想からの「お城」です。

竹田さんのそばにいても、いかに稼ごうかという話題が出ない。もっぱら、どうすれば喜んでもらえるか、そればかり考えている。

ここで本田さんの問いが変わります。
なぜ和平さんは、人に与えよう、分かち合おうと心から思えるのであろうかと。さすが本田さん、本質を捉えた着眼点です。普通は「ほしい、ほしい、ほしいぜベイビー」となるのが普通です（ベイビーとはなりませんね、すいません）。でも、和平さんは、「ほしいほしい」ではなく、なぜ、「与えよう」と思えるのか？

その秘密がわかったのです。
ある日のこと。道端に咲いているタンポポを見て和平さんは本田さんにこう言ったそうです。

「タンポポは上を向いて咲いてくれるがね～。ありがたいねえ～」（和平さんは名古屋の方なので、名古屋弁です）

一体、何がありがたいんでしょうか？

「タンポポのように背の低い花は上を向いて咲いてくれるがね。人間と背丈が同じひまわりはこっちを向いて咲いてくれるがね。高いところに咲いとる桜は下を向いて咲いてくれるがね。花はいつも人間に向かって咲いとるでよ。これ以上のありがとうは他にあるがなぁ。天は自分を愛してくれている。まずはこれに気づくことだよね」

和平さんはそう言って「わはははは」と笑ったそうです。

和平さんは、小さな幸せにたくさん気づくことで、いつも自分の心を満たしていたのです。

自分が満たされているから、自然に分け与えようと思う気持ちが出てくる。

人生って、逆なんです。
自分が自分がと思っているときは、なぜか自分すらよくならない。
しかし、分かち合おうとすると、不思議と人も自分もよくなる。
そのことに本田さんは気づいたのです。

さて、ここからが、「見方クイズ」です。

本田さんと和平さんが一緒にうどん屋さんに行ったときです。和平さんは、うどんと一緒におにぎりを頼みました。すると、店員さんは「売り切れました」と無愛想に言ったそうです。そして「白いご飯ならあります」と。「お米があるなら、おにぎりをつくってくれたっていいじゃないか！」ってムッとしたっていい場面です。

さて、この状況で、和平さんはどう言ったのか？

さあ、どうでしょうか？

この答えに大富豪の秘密が隠れています。

その答えは……

「そりゃ、おめでとう!」

何がおめでとうだと思いますか？

ここがわかると、３問目にして、見方検定免許皆伝です。もう、あなたはこの本を置いて、街に遊びに行っちゃっていい。回答は５秒後にお伝えします。

５

４

３

２

１

２

３

ここ、「おい！」って、つっこんでくれました？（笑）

では回答です。売り切れってことは、今日は満員御礼だったってことです。

そこに対しての「そりゃ、おめでとう！」です。

消費者から見たら、「売り切れ」という「悲しい現実」になりますが、販売者から見たら、「完売」という「うれしい現実」になります。

相手の立場になって一緒に喜べる。

これが大富豪の、ものの見方の極意です。

相手の立場になることで、和平さんは人の喜びで、自分の心も満たしているんです。

和平さんの人生がうまくいくのは、

「分け与えよう、分かち合おう」と思っているからです。

ムリにではなく、分かち合うことを心から楽しんでいる。それができるのは、自分は満たされているからです。じゃあ、どこで満たしているのか。特別なもので満たしてるわけじゃない。和平さんはタンポポで満たされるんです。うどん屋でだって満たされるんです。

本田さんはこれを**「味わう能力」**と表現していました。

和平さんは、うどんを食べ終わると、やってきた店員さんに、

「おいしかったよ、ありがとうね」と伝え、

さらに席を立って厨房に向かって、「いや～おいしかったよ。ありがとうね」と満面の笑顔で伝えたそうです。すると、なんと、和平さんが帰るとき、店員から厨房の人まで全員が店の前まで出てきて和平さんを見送ってくれたそうです。

本田さんは和平さんにこう伝えました。

「『ありがとう』をたくさん言う和平さんは700円のお店で、3万円のレストランのようなおもてなしを受けてしまうんですね」

すると、和平さんは、「『ありがとう』と言うのはタダなのに、みんなを幸せにしてしまうでよ。すごい言葉よねぇ」と。

700円のうどんを感謝しながら味わい、それを伝えることで、店員さんたちの間にも幸せが生まれ、ありがとうの循環が生まれたのです。

小さな幸せに気づき、それを味わえるようになると、器から幸せが溢れるんです。溢れたら、あとは自然にまわりに分かち合えるようになる。すると、そんな人は天がほおっておかないんです。

宇宙にはたったひとつだけ大原則があるのです。大きな流れのなかで見たら、

「全体が栄えていく方に流れていく」という大原則です。

なぜなら、自分だけよければいいという人が増えたら、この宇宙は先細りしていくことになります。それは天の意志に反します。

全体を思いやり、分かち合おうという意志こそが、天の意志です。だから、そこに寄り添う人の人生は天の流れに沿うことになるのです。

流れに沿って生きるか、逆流して生きるか、それによって行き着く先は天と地ほどに違います。

「お金っていうのはね、
喜ばせたら
増えるんだわ」

竹田和平

お金に愛される見方

自分の都合で考えてるときはひとりのチカラ。

全体の繁栄から発想するときは天のチカラ。

小さな幸せに気づくレッスン

わたしは今日幸せでした。なぜならば……

わたしは今日幸せでした。なぜならば……

わたしは今日幸せでした。なぜならば……

寝る前に、なぜならばの続きを3つ考えてから寝てください。例えば……。

わたしは今日幸せでした。なぜならば、池袋の居酒屋『魚串 炙縁《あぶりえん》』のスタッフの人たちが最高の笑顔で接客してくれたからです。

わたしは今日幸せでした。なぜならば、窓から差し込む、太陽の日差しがとっても心地よかったからです。

わたしは今日幸せでした。なぜならば、あなたがこの本を大切な友達にもプレゼントしてくれたからです（ほんとありがとね。僕は幸せです）。

こんなふうに、今日からまず21日間続けてみてください（21日続けると習慣になりやすいと言われています）。

寝る前に幸せを味わって眠ると、不思議と、朝起きたときの表情が違うんです。これも続けるとよくわかるのでぜひお試しくださいね。

「奇跡のリンゴ」の木村さん式・敵の見方

人類で初めてリンゴの無農薬栽培に成功し、
「奇跡のリンゴ」として映画化もされた木村秋則《きむらあきのり》さん。
その木村さんが長年の研究で、
最終的に辿り着いた境地は、「●はいなかった」でした。
さて、その●とは?

人類のなかで誰ひとり成し遂げることができなかったリンゴの無農薬栽培。それを見事に成し遂げたのが木村秋則さんです。

しかし、それは挫折の連続でした。農薬の代わりに酢を薄めて散布したり、牛乳やワサビ、ニンニクを散布したり、薄める比率を変えたり、ありとあらゆるものを試したそうです。しかし1年目実らず、2年目実らず、3年目実らず、4年目実らず、5年目実らず。リンゴ農家なのに5年間リンゴが1個も実らない。それどころか、リンゴの木に花ひとつ咲かなくなったそうです。

だから、木村さんは、夜はキャバレーの呼び込みなどアルバイトをするものの、家計は火の車です。奥様は、1個の消しゴムを3つにわけて、当時小学生だった3人の子どもたちに渡していたそうです。そして、エンピツは、小さなエンピツをセロテープで3つつなぎあわせたものを使う。3人の小学生の子どもたちの給食費さえ滞納するようになりました。今日食べるものにさえ困るようになってしまったのです。

さすがに限界がきて、あきらめようとしたら、逆に子どもに叱られたそうです。

「なんのためにわたしたち、ここまで貧乏してきたと思ってるの！あきらめるなー‼」と。

映画化された『奇跡のリンゴ』ではこんなセリフが出てきます。

「ここでわたしがあきらめたら人類があきらめることになる」

ところが5年目にはリンゴの木の幹がグラグラと揺れるようになりました。もういつ枯れてもおかしくない。

あるとき、下のお子さんが書いた作文を目にしてしまいます。

「お父さんの仕事」と題されて、こう書かれていました。

「わたしのお父さんの仕事はりんご作りです。しかし、わたしはまだ一度もそのりんごを食べたことがありません」

ついには木村さんは笑えなくなり、口がきけなくなったそうです。奥様とも話せず、子どもたちと目を合わすことさえ辛くなりました。もうさすがにダメだ……。

これ以上、家族に迷惑をかけるわけにはいかない。家庭も電球が切れたかのように暗くなりました。

木村さんは絶望感とともに、首をつるロープをもって近くの岩木山に入っていきます。月がきれいな夜だったそうです。もう、死のうと、木の枝に向けてロープを投げました。しかしロープは枝をはずれ地面に落ちた。木村さんが、ロープを取りにいこうとした瞬間、目に飛び込んできたのは、なんと……。

リンゴの木でした！

「なんで、こんなところにリンゴの木が⁉」と、駆け寄ってみると、それは見間違いで、ドングリの木でした。そういえば、山の中の木は農薬を使っていないのに、虫がたくさんついたり、病気になっていない……。下の土を掘ると、ふかふかとやわらかい。なんともいえない、いい匂いがしたそうです。山の土の匂いです。

！！！！！

その瞬間に気づいたそうです。

この匂いのする土をつくればいいんだと。

リンゴを育てるのは土だったと！

畑の土は10センチも掘れば6度から8度も温度が下がりますが、山の土は掘っても掘っても温かい。50センチ掘っても地表面との温度差は1度から2度程度です。このふわふわの温かい土を育てたのは、人間が与える堆肥《たいひ》ではない。雑草であり、そこに住む小さな虫たちであり、そして、無数の微生物たちです。わずかひとつかみの土のなかに、1000億個といわれる細菌が生息してるのだそう。だから、山の中の木々たちは、誰もお世話をしていないのにたくさんの実をつけるわけです。

木村さんは、ここからは、リンゴの木を生かしてくれる土と微生物の研究に明け暮れます。

それから数日が過ぎた、ある日のこと。隣の畑の主人が木村さんの家にたずねてきてこう言いました。

「木村、見たか？　早く畑に行ってみろ！」

すぐに奥様と飛び出した。なんだか怖くて、なかなか畑に行けず、隣の小屋からおそるおそる自分の畑をのぞいたそうです。すると……。

真っ白な色が目に飛び込んできた！

リンゴの木たちが競うようにきれいな花を咲かせ、畑は白一色に覆い尽くされていたのです。

その風景が、かすんでしか見えなかったそうです。

そう、涙で……。

こうして、８年の歳月をかけて、誰一人成し遂げることができなかったリンゴの無農薬栽培を実現。その木村さんが最終的に気づかれたことは何か？

敵はいなかった、ということです。

ある虫がリンゴの葉を食べているのを見て、この虫が害虫だと決めつけてしまったこと。それが間違いだったと木村さんは言います。

「自然の中には善も悪も存在しないのです。生き物はみんな、それぞれの命を必死で生きているだけなのです。どんな生き物も、生態系のなかで与えられた自分の役割を果たしているだけなのです」

「虫や病気は原因ではなく、あくまでも結果なのです。虫や病気が蔓延《まんえん》したからリンゴの木が弱ったのではなく、リンゴの木が弱ったから虫や病気が大発生したのです。虫や病気は、それを教えてくれていたのです」

例えば、畑にアブラムシが大量にくるような場合、実は、そのアブラムシは肥料を与えすぎて窒素過多になっている余分な栄養を食べにきているようです。ちゃんと理由があってきているのです。

山の中の木には、害虫はついていません。そのまわりには蝶やバッタ、コガネムシなどの昆虫がいて雑草が生えている。ムダなものはなにひとつない。命が循環している姿がそこにありました。

自然界の命の循環を観察し、理解すれば、そこには調和があり、善悪はないとわかったのです。ところが、いまは、土に肥料や農薬をまくことで、逆に土のなかの微生物たちの生態系を壊してしまっていたわけです。

木村さんは、自然栽培の出発点をこう語っています。

「敵なんてどこにもいなかったと気づくことが、私の栽培法の出発点です」

これがクイズの答えです。リンゴを食べる害虫は農家の敵だと判断した、ものの見方こそが最大の敵だったわけです。

ちなみに、木村さんは、なんでリンゴの無農薬栽培に挑戦したかというと、奥様が極度の農薬アレルギーで農薬を散布すると肌が荒れて、お風呂にも入れなくなるからでした。奥様をラクにしてあげたいという思いが原点にあったんです。

では最後に、ちょっと余談です。

木村さんのリンゴを食べたことがありますが、一番印象的だったのは後味。食べ終わった後も実にさわやかなのです。口のなかに香りが優しく漂う。そして切っておいても色が変わらない。きっと、これがリンゴ本来の力なのでしょう（もぎたての場合は、それこそ奇跡の味だそうです）。

それにしても、人生をかけて、リンゴの可能性を研究して、最後に辿り着いた真理が、リンゴの木じゃなくて土だったなんて面白いですよね？

これ、僕らの人生に当てはめてみてほしいんです。

あなたの可能性をめいっぱい引き出したかったら、何が大切になるんでしょうか？

あなたにとって「土」とはなんでしょうか？
はい。あなたのいま、隣にいる人です。
自分がリンゴだとしたら、土とは、自分のまわりにいる人すべてです。
まわりの人に優しくするということは、あなたの「土」を耕すことだったんです。

僕がこれまで読んだ木村さんの本や講演会で、木村さんが何度も何度も言う言葉がこれです。

「わたしが頑張ったんじゃない。
わたしの家族が頑張ったんだ。
わたしが頑張ったんじゃない。
リンゴの樹が頑張ったんだ」

リンゴを生かしてくれていたのは土だったように、木村さんという役割を生かしてくれたのは、家族であり、そして、リンゴの木だったんです。

「活かされながら、活かして生きる」

木村秋則

敵が味方になる見方

「敵」こそ、自分を「素」に戻してくれる「素敵」な存在。
虫が本当にリンゴに必要だったものを教えてくれたように、
敵こそが、あなたに必要なものを教えてくれるのです。

敵を素敵に変える「エンプティ・チェア」（空《から》のイス）レッスン

「エンプティ・チェア」というイメージワークをご紹介します。

まずは、イスを2つ用意して、少し離して向かい合わせにして並べます。

ひとつにはあなたが座り、目の前のもうひとつのイスには、イヤな人をひとり思い浮かべてその相手をイメージのなかで座らせます。まずは、あなたが相手に対して、感じてることを全部ありのままに伝えてみてください。ここは本音で、悪口だってOKです。

今度は相手のイスに座り、相手になったつもりで、相手の視線からあなたはどう見えてるか感じてみます。そして相手の立場からあなたに伝えたいことをすべて伝えてください。

次は、あなたは横から、2つのイスを眺めてみてください。客観的にあなたと相手のことを眺めると、どう感じますでしょうか？

最後は、もう一度、ご自分のイスに座ってみてください。さまざまな立場を経験したうえで、再度、自分の視点から見ると、相手の方への印象はどんなふうに変化しましたか？

関係を改善するうえで、あなたから相手に何を伝えられそうですか？　何ができそうですか？

実際の相手に、それを伝えてみてください。もしくは、気づいたことを行動にうつしてみてください。

立場とは、文字通り、立っている場。

立つ場を変えると見方が変わるんです。

第2章

お金の見方

——お金がドンドンやってくる人の考え方

鈴木おさむ式・悲劇の見方

友人が、1億円の借金を背負い、
1日200件も怖い取り立ての電話で
苦しんでいたとします。
さて、こんなときあなたならどう励ます？

回答例

「生きてるだけで丸儲け」――明石家さんま

「大丈夫。
乗り越えられない壁は現れない」――麻子（鳥取）

「この困難を乗り越えたとき、
君がどれだけ偉大な人間になるか、
考えるだけで体が震えてくるよ」――otoshimon（京都）

「只今、お仕事に出かけております。

ガッポリ稼ぎますので、しばらくおまちください。

と、留守電に入れておけば？」――たのだるまん（大阪）

「YOU、電話線抜いちゃいなよ」――ゆいまるこ（神奈川）

「10億円の借金だったら、

取り立ての電話は2000件だったね。

1億円の借金でよかったね！」――かわむらしょうご（神奈川）

「もちろん、ひすいさんの、

この本をプレゼントしますっ！」――森　雄貴（愛知）

放送作家の鈴木おさむさんのご両親は、スポーツ用品店を経営していましたが、いろんな事情が重なり借金することになったそうです。その額はなんと1億円！

銀行に5000万円。消費者金融に3000万円。そして……ヤミ金に2000万円。鈴木おさむさんが実家に戻ると、実家には1日に200件も取り立ての電話がかかってきている状況になっていたのだそうです。しかも、利子が膨大に加算されていきます。

(最終的には、利子だけで1億円になり合計2億円の借金になりました)

当時から鈴木おさむさんは放送作家の仕事をしていたのですが、このとき弱冠25歳です。億のお金を返せるわけがない。でも、もちろん親を見捨てるわけにもいかない。

これはヤバい。

しゃれにならない。

もうダメだ。

仕事も辞めて家族と逃げなきゃいけない……。

鈴木さんは恐怖から仕事も行けなくなり1週間休みました。すると、「どうした？」とフジテレビのディレクターさんから電話がかかってきました。鈴木さんは事情を打ち明けました。すると、そのディレクターさんはなんと言ったのか。その一言が鈴木おさむさんの人生に革命を起こすことになります。

「来週、とりあえず会議にきて、その話、面白くしゃべってみろよ」

面白く話せって⁉

できるわけがない。

この人、頭がおかしいんじゃないか⁉

だって、毎日200件の怖い取り立ての電話、ほんとうにしゃれにならないんです。しかし、そのディレクターさんは、それを笑い話にしろと言い張る。

仕方なく、鈴木さんは会議に出てきて、この辛い出来事をできるだけ明るく話し始めました。すると、ドカン、ドカンとウケて、みなが笑った。

「あれ？」

自分には、こんなに辛いこと。でも、まわりからしたら、この話は面白いことなのか……。

自分のいま身のまわりに起きていることで、みんなが笑ってくれる。みなの笑い声を聞いていたら、ふと、こう思えたそうです。

「とにかく借金は返す」

逃げずに、運命に真っ向から向き合ってやろうじゃないか、と鈴木さんの覚悟が決まった瞬間です。

前述のディレクターはこう言ってくれました。

「僕はお金をあげることはできないけど、仕事は与えられるから」

必ず借金は返すと決めた。あとは、目の前の仕事にひとつひとつ全力で打ち込んでいくだけです。すると、その過程のなかで、鈴木おさむさんの才能は何倍にも開花していくことになったのです。そして、家族みんなで力を合わせて、30歳になる頃にはほぼ返し終わったそうです。30歳で、利子含めて2億円返済ですよ！

結果的に、この逆境が、鈴木さんの潜在能力を根こそぎ引き出してくれたのです。そして、いまや超人気放送作家に。「SMAP×SMAP」「めちゃ×2イケてるッ！」など、鈴木さんが関わる人気番組を数え上げたら、きりがありません。

お金がないときの話で、芸人の島田洋七さんの例もあげましょう。

洋七さんは、子どもの頃、とても貧しかったそうで、あるとき、「ばあちゃん、この二、三日ご飯ばっかりでおかずがないね」と言ったのだそうです。孫にろくにご飯を食べさせてあげられない状況。おばあちゃんだって辛かったと思います。

でも、この場面で、おばあちゃんは、こう言ったのだとか。

「明日は、ご飯もないよ」

洋七さんはおばあちゃんと顔を見合わせ、大爆笑したそうです。

洋七さんが現実を受け止めた瞬間です。


喜劇王チャップリンはこう言っています。

「人生は近くで見ると悲劇だが、遠くから見れば喜劇である」

自分の立ち位置からは、悲劇に見えることも、一歩ひいて俯瞰《ふかん》したら、それは喜劇なのです。


作家の中谷彰宏《なかたにあきひろ》さんは、こう表現されています。

銅メダル。落ち込まないで、ニコニコしている人。
銀メダル。落ち込んで、立ち直って、ニコニコしている人。
金メダル。落ち込んだままなのに、ニコニコしている人。
凹んだまま笑いをとれたら、
あなたは人生の金メダリストです。

悲劇の見方

「悲劇」は、まわりを笑わせ、ハッピーにさせる「ネタ」と見る。

イヤなことを笑い飛ばすレッスン

どんなにイヤなことでも、それが他人事ならラクラク乗り越えられます。

だから自分の身にふりかかったツラいことを他人事にしてしまえばいいのです。

他人事にする方法は、自分の境遇をネタにして、できるだけ明るく話すことです。「話す」ことで、それを自分から「放す」ことにつながります。

他人事のように明るくしゃべるとそこに悲壮感はなく、笑ってもらえます。すると、自分も笑えてきて、なんだか楽しくなってきます。

自分のことを他人事のようにして話すことで、自分の人生を俯瞰できるのです。

ちなみに、TRFのバックダンサーをしていた、わっかんと呼ばれる僕の友人は、前歯が出ているんですね。で、水を飲むたびに、「ちょっと前歯が乾いてきたんで」と言うんですが、それでまわりがいつも大爆笑になるんです。

自分の「コンプレックス」だって、他人事のように見たら、とっておきの「ネタ」になるのです。

あなたのコンプレックスや身にふりかかった悲劇で笑いをドカンドカンととってみよう。

矢沢永吉式・30億円の借金の見方

信頼していた部下にだまされて
30億の借金を背負ってしまった矢沢永吉さん。
「もうダメだ」と落ち込む日々のなか、
この出来事を◯◯だと思えばいいと考えたら
開き直れたそうです。
その◯◯とは?

さて、1億円の借金の逆転劇を先ほどお伝えしましたが、今度は、30億円の借金はどうでしょう?

泣く子も黙るスーパースター。E.YAZAWAこと、矢沢永吉さん。

学生の頃、友達と中国へ向かう飛行機のなかで読んだ、矢沢永吉さんの伝記『成りあがり』。

夢中で機内で読んで、中国に着くや、気分はすっかり矢沢さんになりきって中国を旅していた思い出があります。ふたりとも気持ちが大きくなり、ハイペースでお金を使ってしまい、最後の2日間は、宿に泊まるお金がなくなり、ホテルのロビーで寝かせてもらうといった、ほろ苦い思い出もあります。

さて、本題に戻って、矢沢永吉さんの有名なエピソードです。

1987年のこと。その頃、矢沢さんは大自然のオーストラリア、ゴールドコーストに強く惹かれ、そこに拠点をつくろうと考えており、ここから世界に発信していくスタジオや音楽学校をつくろうと夢が広がっていました。

このオーストラリアの事業は、信頼しているふたりの部下に任せていたそうですが、実は、彼らは矢沢さんの会社を使って別のビジネスをやっていたのです。毎月送ってくる報告書もニセモノで、銀行の支店長のサインまで偽造。最終的に矢沢さんは被害総額30億円の事件のど真ん中に身を置くことになってしまったのです。

自分でつくった借金ではなく、だまされて背負うことになった借金です。

しかも、30億円！

しかも信頼していた部下に裏切られたわけですから、精神的ショックも重なり、矢沢さんは、もう立ち直れないほど打ちのめされたそうです。

毎日お酒を飲み、「もう駄目だ」、「もう駄目だ」、「もう駄目だ」、「もう駄目だ」と落ち込み続けたとか。しかし、ある日、奥さんがこう言ってくれた。

「たしかに大変な額だけど、矢沢永吉が本気を出したら返せないお金じゃないから」

そう言われて、矢沢さんは「マジで?」と思わず聞きなおしたそうです。奥さんの返事は「マジで!」でした。このとき、彼はこう思ったとか。

「これは映画だと思えばいいや」って。

確かに映画に必要不可欠なのは、主人公が追い込まれる場面です。

そこからの矢沢永吉はすごいのです。
ライブをやって、ライブをやって、ライブをやって！
またライブをやって、ライブをやって、ライブをやって！
さらにライブをやって、やって、やりまくって、
なんと、30億の借金をすべて返してしまったのです。

この過程で、矢沢永吉は、いまの「矢沢永吉」になれたのです！

人生最大の目的は、たくさん稼ぐことではありません。成功して、有名になることでもありません。人生の究極の目的は、自分が自分になること。自分史上、最高の自分になることです。

矢沢永吉がE．YAZAWAになれた。これは、30億円をも上回るギフトだといっていいでしょう。矢沢永吉さん、現在68歳ですが、すごくいい顔をされてますよね。まさに顔からもう物語っている。試練をくぐりぬけた男の顔をしています。

「僕は皆さんにも言いたいね。
リストラされたって、
借金を背負ったってそれは役だと思え。
苦しいけど死んだら終わりだから、
本気でその役を生き切れ。
つまり視点を変えれば、
気持ちが切り変わるってことなんだ」

矢沢永吉

ディズニー映画のクリエイターたちは、最初に主人公をどこまで不幸にできるかを考えるんだそうです。困難と向き合ってどう成長していくかが、面白さのポイントだからです。

サスペンス映画の巨匠、アルフレッド・ヒッチコックもこんな名言を残しています。

「映画とは、退屈な部分がカットされた人生である」

つまり、人生は映画なんです。

映画では一番悩む役柄が「主人公」といわれます。

一番問題が起きる人を「主人公」というのです。

一番問題が起きない人を「通行人」といいます（笑）。

ちなみに、悩むことなく、とにかく最初から強い役柄が「悪役」といわれます。

なぜ、辛いことがあなたの身に起きるのかわかりますか？

そう。あなたが主人公だからです。

映画では、主人公が光輝くために通過しなければいけないのが敵との攻防、「クライマックス」と呼ばれる試練です。試練がなく、主人公が悩まない映画は、悲しいかな、動員が伸び悩み、すぐに打ち切られてしまいます。

どうせなら、大ヒット映画の主役を演じてみたくありませんか？

アメリカの脚本家ウェンデル・ウェルマンによると、優れた映画作品では、主人公は3回誤った選択をするといいます（これを「The magic 3」という）。

1回の選択でうまくいっちゃう映画は退屈な作品だと。つまり、あなたの人生を大ヒット作品にするには、3回以上失敗した方がむしろいいのです。

そして、「タイタニック」のように、かりにハッピーエンドじゃなかったとしても、それでも、心を打つ大ヒット映画は無数にあります。ハッピーエンドになること、夢を叶えることだけが、感動ポイントではないんです。どんな状況になったとしても、そこに真摯《しんし》に向き合っていくその心の姿勢こそが、心を打つんです。

ちなみに、あなたの人生という映画の観客席には、誰が座ってると思いますか？

神様です。

神様に、「いやーー。ヤラれた。あの場面で、そうくるとは！　感動したよ」とか言われたくないですか？（笑）。神様に一発サプライズをかましてやりましょうよ。

そして、皆様に朗報です。映画では、試練を乗り越えた先に、必ず待っていてくれる人がいます。

そう、ヒロイン（恋人）です。

皆様、人生という名の映画をがんばって演じきりましょうね！

二度とない人生ですから！

人生の見方

人生を「映画」として捉える。

自分は「主人公」で、敵は「盛り上げ役」。

「試練」を視聴率が最も上がる「クライマックス」と捉える。

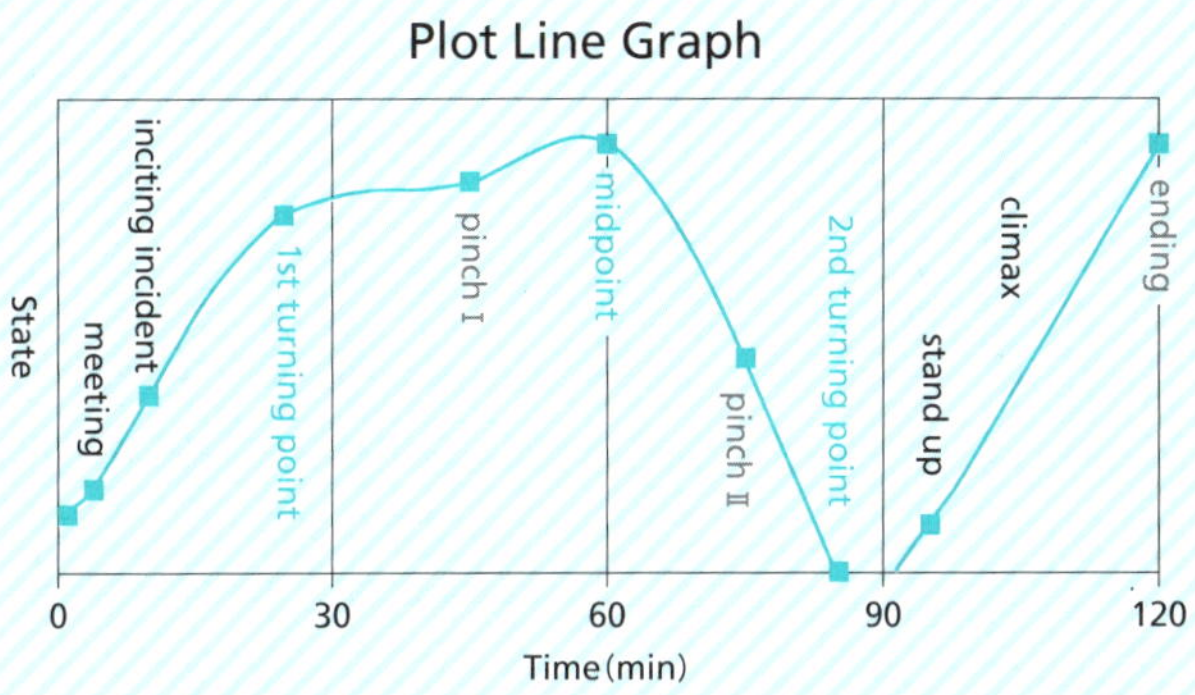

「三幕構成　ウィキペディア日本語版」より

人生を映画と捉える3幕構成レッスン

以前、1年がかりのイベントをしたときに、友人の映画監督に、このような図を書かれてアドバイスを受けました。図は前述のウェンデル・ウェルマンによるプロット・ライン・グラフなんですが、たいていの映画はこのような3幕構成で作られているのだそうです。そして、現実の人生も、おおむねこの流れに沿うというのです！

最初の30分が1幕（設定）
次の60分が2幕（対立）
最後の30分が3幕（クライマックス）
3つの構成比は1：2：1です。

僕らは1年間のイベントだったのですが、1年のなかで、この図に沿うように事件が起きるというのです。6カ月目あたりから大きな問題が浮上し、9カ月目あたりに最大のピンチがきて、それが3幕のクライマックスへの幕開けとなると映画監督に予言されたわけです。確かに、9カ月目に最大の人間関係の問題が生じ、そこから怒濤のクライマックスに突入していきました。この説明をうけておいてよかったのは、試練が訪れたときに、「なんでそんなことに？」と嘆くだけではなく、皆で、ここからがクライマックスだって思えたことです。

「試練が来た」ときは、この図をぜひ思い出してくださいね。

「試練が来た」ということは、「クライマックスが始まった」と見ればいいんです。

また、アメリカの脚本家、ブレイク・スナイダーによると、弁証法になぞらえて3幕構成を以下のように分けています。

1幕（正）古い世界

2幕（反）正反対の世界

3幕（合）新しい世界

つまり、あなたとまったく真逆な世界観をもつ者（悪役）が現われて、ぶつかりあうことで、あなたの世界観は一新され、ニューワールドを生みだしていくということです。

だから、悪役が現われ、試練が訪れたときに、あなたが言うべきセリフはこうです。

「面白くなってきたぜ！」

宮崎駿式
「面倒くさい」の見方

宮崎駿監督がいつも若いスタッフに言っていた
映画づくりの三原則というのがあります。
一つめは「面白いこと」
二つめは「つくるに値すること」
そして三つめは何でしょう?

宮崎駿《はやお》監督が映画をつくっているときの現場をテレビで見たことがあります。

貧乏ゆすりをしながら宮崎監督が口にする言葉は、意外な言葉でした。


「ああ面倒くさい。面倒くせえぞ」


「めんどくさいなあ。まことにめんどくさいよね」

「面倒くさいっていう自分の気持ちとの戦いなんだよ」

「何が面倒くさいって究極に面倒くさいよね」

もう、「面倒くさい」のオンパレード。

でも、最後に言った言葉がこれ。


「大事なことはたいてい面倒くさい」

ひとりのアニメーターが1週間で描ける絵は、時間にするとわずか5秒ほどだとか。つまり、夜中まで灯りをつけて1年間がんばっても4分ほどの絵の分量にしかならないのです。だから、2時間の映画にするには最低でも2年はかかります。

しかも宮崎監督は絵に妥協はない。何度でもやり直させる。それでも、うまく描けないものはスタッフの代わりに自分でも描く。こんな気の遠くなる作業を延々とやっているのですから、面倒くさいにもほどがあります。だからこそ、映画をつくるときは、よほどの思いがなければ、乗りだせない。そこで冒頭のクイズにつながります。

宮崎監督の映画づくりの3つの原則。一つめは面白いこと。二つめはつくるに値すること。では三つめは？

ズバリ

「お金が儲かること」

三つめはちょっと意外でしたか？　でも、これ当然なのです。スタジオジブリで1本のアニメをつくるには、スタッフが400～500人も関わりますから、人件費が膨大にかさむからです。だから、興行的にも1本たりとも外せないのです。監督には想像を絶するプレッシャーが襲いかかることになります。儲けなければ次はないのです。

儲けるというと、印象がよくない方もいると思いますが、

「お金」を「お客さんからの拍手の量」と捉えれば、

稼ぐことの大切さが見えてくることでしょう。

だからこそ、宮崎監督の３原則は

「面白いこと」

「つくるに値すること」

「お金が儲かること」だったわけです。

しかし、宮崎監督は、自ら定めたこの３原則を一度だけ破ったことがあるそうです。

それは「となりのトトロ」のとき。「トトロ」は、宮崎さんの先輩であり、盟友の高畑勲監督の「火垂るの墓」と２本立て上映になっていました。つまり、興行成績をひとりで背負わなくていい。プレッシャーが半分になったわけです。

プロデューサーの鈴木敏夫さんは、このときほど、宮崎さんが楽しそうに働くのを

見たことがないと言っています。「トトロ」のときは、宮崎さんは近くのスタッフと楽しそうにおしゃべりをしながら絵を描いていたそうです。プレッシャーから解放されて、心から楽しんで制作した初めての作品「となりのトトロ」の結果はどうだったのか？

楽しんだ結果は……。

惨敗でした。

ジブリ全作品のなかで、「いちばんお客さんが来なかった作品になった」と鈴木敏夫さんは言っています。

やっぱり、楽しんではダメなのでしょうか。

実は、このあと、トトロには逆転劇が待っていたのです。

「トトロ」は、映画では火がつかなかったものの、テレビ放映で人気が爆発。それで、ぬいぐるみメーカーがトトロの魅力に気づき、キャラクターを商品化。ジブリはこれまでキャラクター商品を考えたことはなかったそうですが、初のキャラクター商品が大人気となり、なんと、最終的にはジブリ史上、最も大きな収益を生みだした作品になりました。しかもその年の映画賞をほとんど総なめにするくらいの評価も得た。楽しんだ先には、奇跡の逆転劇が待っていたのです。

だから、僕は、この3原則に、もうひとつ最後に加えたいと思います。

「面白いこと」
「つくるに値すること」
「お金が儲かること」

「楽しむこと」

では楽しむ秘訣はなんなのでしょう？
なあなあにやっているだけでは、楽（ラク）なだけで、楽しくなりません。

「面白いこと」

「つくるに値すること」

「お金が儲かること」

この3つの壁を乗り越える作品を生みだそうと真剣に挑むからこそ、やりがいがあるし、結果として、楽しくなるんです。そして、それは、とても面倒くさいことでもあるはずです。

つまり、「面倒くさい」とは、「楽しい」の一部なのです。


僕の例で恐縮ですが、僕は本を書くときに、最初に編集者さんにお願いします。

「遠慮なく僕の原稿に赤字を書きこんでダメ出しをしてください」と。

ダメ出しがない方が当然、ラクでうれしいです。ダメ出しがいっぱいあったら、落ちこむのも確かです。でも、僕の生きる目的は、ラクをすることではないんです。落ちこまないことでもないんです。

僕の生きる目的は、読者のハートをノックアウトする本をつくることです。

そこに挑戦することが、「楽しい」んです。

「ラク（楽）」と「楽しい」は決定的に違うんです。

では、どうすれば面倒くさいことにも情熱を注げるようになるのか。その答えは、宮崎監督のこの言葉に現われていると見ていいでしょう。

「自分のために映画をつくるな。子供のためにつくれ」

宮崎監督は先の見えないこの時代に生まれてきた子どもたちに「面白いものは、この世界にいっぱいある」ということを伝えたいと、一貫して子どものために映画をつくってきた人です。実際に息子さんが3歳のときは3歳の子どものために映画をつくり、小学生になったら、小学生のための映画をつくる。お子さんが大きくなってからは対象を変え、例えば、「千と千尋の神隠し」では友人の娘さんのためにつくったそうです。顔の見える、身近にいる大切な人に向けてつくっていたからこそ、手は抜けなかったんです。どんなに面倒くさくたって。

子どもたちが「どうして生きなきゃいけないんだ？」という疑問を持っていると感じたときには、その答えを「もののけ姫」に託した。「憎悪や殺戮《さつりく》の中にあっても、生きるに値する事はある。素晴らしい出会いや美しいものは存在し得る」と。

なんのためにやるのか？　誰のためにつくるのか？

そこが明確にあれば、あらゆる面倒くさいを受けて立てます。
「かかってきやがれ、面倒くせえ！」と。
ほんとの楽しさって、究極の面白さって、
誰かの笑顔を生みだすことなんです。

「目の前の子供に
『生まれてきてくれてよかった』
って言いたい気持ちがあるから
映画を作ろうって思うんです」

宮崎駿

面倒くさいの見方

面倒くさいは、楽しさの一部と見る。
なんのためにやるのか？
誰のためにやるのか？
そこを明確にすることで、
「面倒くさい」は「やりがい」に変わる。

あなたらしさを出すレッスン

僕の好きなラーメン屋さんは、朝は6時にお店に入って毎日4時間かけて麺を手打ちします。麺は乾燥を嫌いますから、冷房をつけられないので夏場は麺打ち中に3回Tシャツを替えるそうです。

多くのラーメン屋さんは、麺の専門工場から麺を仕入れています。そうすれば、毎日4時間の麺打ち作業から解放されるのに、その店はそうしない。あ～面倒くさい。あ〜面倒くさい。

僕が通う整体は行くと、そのあとに心のこもった手書きの手紙が届きます。あ〜面倒くさい、面倒くさい。

僕の友人の人気絵本作家、のぶみさんは、ひとつの作品を仕上げるまでに1000回以上読み、手直しします。あ〜面倒くさい、面倒くさい。


あなたがいまやっていることを、面倒くさくするほどに、あなたらしさが出てきます。お客さんが増えていきます。他社はマネできなくなります。

どんな面倒くささをやれるかが、あなたの持ち味となり、個性となります。

あなたは誰を喜ばせたいですか？

その人の笑顔のためにできることをすべてやり切るのです。

そのとき「面倒くさい」＝「生きがい」になります。

「金がない」の見方

『グローバル・リッチ・リスト』というサイトに
あなたの年収を入れてみてください。
このサイトに年収を入れると、
あなたの収入世界ランクが出るのです。
あなたの収入は世界ランクで
どれくらいになると思いますか?

お金が足りないって思ってる方、
時間が充分にないって思ってる方、
休みが充分に足りてないって思ってる方、
手をあげてください。

それは、**「気のせいです」**

って言われたら、どうでしょう？

僕らはお金がないと言いますが、『グローバル・リッチ・リスト』(http://www.globalrichlist.com/) というサイトに年収を入れてみてください。
このサイトに年収を入れると、あなたの収入世界ランクが出るのです。世界に住む約60億人を対象に、世界銀行の開発研究グループが算出した数値を用いてつくられているのですが、仮に年収300万円と入れたとすると、

あなたは世界トップ2%のお金持ちにランクインします。**もう、この、お金持ち！（笑）**

時間だってそうです。

昔と比べてみてください。

例えば、幕末の志士、坂本龍馬。当時は自動車も飛行機も新幹線もありませんから、打ち合わせをしようと思ったら、船はありましたが、移動の基本はウォーキングになります。龍馬の故郷の土佐（高知県）から江戸（東京）、当時は歩いて、約30日ほどかかっていました。しかし、いまは東京─高知間は、飛行機でわずか75分に短縮されています。それどころか、携帯電話やメールがありますから、相手と話そうと思ったら、0・1秒でつながるんです。本もたくさん出ているから、わざわざ会いにいかなくたって、相手の考えを手軽に知ることだってできます。

さらに昔にさかのぼりましょうか。縄文時代の人の平気寿命は30歳前後だといいます。そう考えたら、僕らの時間は昔に比べて、途方もないくらい増えているんです。

人類史上最も時間をもっているのがあなたです。

『世界がもし１００人の村だったら』の原案で著名な環境科学者のダナ・メドウズは地球で最も基本的な法則は**「充分の法則」**であると言います。

充分とは「ちょうどいいこと」。

すでにあるものに目を向けて、ちょうどいいことを楽しめれば、いまこの瞬間にも世界には「不足」はないと言うのです。

『ソウル・オブ・マネー』の著者リン・トゥイストさんは持続性のある社会の追求の本質とは、

「自分が必要とするものをすでに持っている」

と認識することだと言います。

「いや、世界には、ご飯が食べられなくて命を落としていく人だっている」とあなたは指摘するかもしれない。でも、「もっと武器を」という思いを手放したら、現在、軍事費に使われているお金だけで、世界の貧困は余裕でなくせるのです。いま、この瞬間にです。

以前、こんなことがありました。

新幹線で大阪に向かうなか、僕はその間に仕事で読まなきゃいけない本があり、「あー時間がない」「時間がない」と焦っていたんですね。でも、そのときにふと気づいたんです。窓から差し込んでくる太陽の日差しがあったかいなって。「時間がない」「時間がない」って焦っていたけど、そんなときでも、太陽のあたたかい日差しは「あるんだよな!」って。この心地よい時間が、いま、「ある」んだよなって。

あると思ったら、心にスペース(ゆとり)が生まれて、ふわっとあったかくなりました。そのとき、みんながこんな気持ちになったら、それだけで地球が変わるよなって思えたんです。

勉強する目的はなんでしょう？
本を読む目的はなんでしょう？
成功を目指す目的はなんでしょう？
もっと、もっとと追い求める理由はなんでしょうか？
それは幸せになることですよね？
あたたかい気持ちで毎日を過ごせるようになることですよね？
ならば、それはいますぐできるんです。
満たされているところに目を向けさえすれば。

ないものに目を向けたら不満が生まれます。
あるものに目を向けたら感謝が生まれます。
ないものに目を向けたら３秒で不幸になれます。

あるものに目を向けたら3秒で幸せになれます。
不幸か幸せかは、どちらに目を向けるかの違いだけだったんです。

ブッダは、弟子たちに、こう言ったそうです。

「自分の内側で肯定し意識を注ぐものは、その人の人生と世界において拡大する」

ないものに意識を注ぎ、足りない世界を拡大するか、あるものに意識を注ぎ、満ち足りた世界を拡大していくか、それはあなたの見方次第です。

あると見たら、世界は、いま、この瞬間に変わる。変われるんです。
「ない」「ない」「ない」の時代はこのへんで終わりにしましょう。
まずはあなたからです！

「私たちに必要なものは充分にあるが、私たちの強欲を満たすには充分にない」

マハトマ・ガンジー

「ないもの以外はすべてある」

ラーメンマン

ラーメンマンとは、漫画『キン肉マン』に出てくるキャラクターなんですが、かつて、インドの偉人ガンジーとラーメンマンが並列で並べられたことはなかったでしょうね（笑）。

「金がない」「時間がない」の見方

ないのは気のせいだった（笑）。
「ない」を見たら「ない」世界。
「ある」を見たら「ある」世界。

あるものに目を向けるレッスン

レッスンその1。

いま当たり前のようにあるもので、でも、なくなったら困るものをできるだけ多くノートに書き出してみよう。例えば、「あなたの両目と鼻と両足を100億円で売ってください」と言われたらどうでしょう？「では売ります」と言う人は少ないはずです。僕らは１００億円もらってもあげたくないものを最初からプレゼントされているんです。

レッスンその２。

あなたがいま現在もっているもののなかで、これだけは手放したくないっていうものを３つあげてください。こう聞くと、多くの人は、家族や友人や今の仕事だって言います。

でも、それはいま、もっているわけですよね？

じゃあ、いま、幸せじゃないですか？

幸せはなるものではなく、気づくものです。

第3章

夢を叶える見方

——夢がアッサリ叶う人はこう考える！

夢の見方1

日本チャンピオン編

日本チャンピオンの格闘家たちには
共通点があるそうです。
それは、ベルトをどこにしまったか忘れていること。
それはなぜ?

回答例

「我を忘れてこそ、真の格闘家だから」――宇宙の営み（島根）

「次のベルトに賭けてるから」――絵本作家のぶみ（東京）

「過去には興味がないから」――中居なほ（愛知）

「ベルトを見ると、
チャンピオン気分に浸って
練習を怠るから」――あやちゃん（石川）

「いつもおでこに巻いているから
（眼鏡なくす人みたいに）」――――イトウジュンコ（北海道）

「本当はラーメン屋になりたかったから」――otoshimon（京都）

作家の森沢明夫さんから、不思議な裏話を聞きました。

森沢さんは、格闘技の雑誌で、キックボクシングや柔道、空手など、日本チャンピオンになったことのある選手たちを取材する連載ページをもっていました。毎回、いろんなチャンピオンの取材に行かれていたわけですが、多くのチャンピオンたちが共通して言うセリフがこうだったそう。

「ベルト、どこやったっけなー」

おい、おいって思いますよね？

チャンピオンベルトをどこにしまったのか覚えてないのです。

そういう選手が、とても多いので森沢さんは最初、不思議に思ったそうです。でも、次第に謎がとけてきた。

チャンピオンたちは整理整頓がとっても苦手、

というわけではないんです。もちろん、ほんとうはラーメン屋になりたかったからでもない（笑）。

では、なぜ忘れるのか？

それは日本チャンピオンに執着していないからだとわかったのです。

日本チャンピオンになるような選手たちは、はなから世界チャンプを目指している。だから、日本チャンピオンは通過点に過ぎないので、ベルトにも執着はなく、どこにしまったのか覚えてない人が多いのだそうです。


このことがわかると、夢の叶え方のコツがわかります。

多くの人は、叶えたい夢を目標、ゴールとしている。


しかし、夢は「ゴール」ではなく「通過点」にしたときに叶うのです。

夢のその先を描いて、「ゴール」を「通過点」にしてしまえばいいのです。空手で瓦をわる達人たちも同じです。瓦に焦点を合わせているのではなく、瓦のその先までわるつもりでたたくとパーンとわれるのです。

そして幕末、誰よりも、夢のその先を描いていたのが坂本龍馬です。

龍馬は、武家社会に革命を起こし近代化をもたらしたにもかかわらず、新政府の役職名簿に自らの名前を入れなかったんです。命をかけて革命を成し遂げた一番の功労者が新政府の役職につかないなんて、世界のどの歴史を見てもありえません。

「新政府の役職につかず、じゃあ、おまんはなんのためにこれまで命をかけてやってきたんだ？」と西郷隆盛に聞かれて、龍馬はこう答えたといいます。

「わしは世界の海援隊でもやりますかいのう」

龍馬だけは、あの時代、夢のその先を描いていたのです。

江戸幕府を倒したその先、日本をフリーダムな国にして、黒船で7つの海を航海し貿易するというのが夢だったのです。

龍馬の目的は、江戸幕府を倒すことではなく、それは通過点に過ぎなかった。7つの海をまたいでの大冒険（アドベンチャー）、それが龍馬の夢だったのです。
だからあの時代、誰よりも先に行けたのです。

夢の見方

夢が達成したら、どうなっているのか？
夢のさらにその先に胸をときめかせよう。

夢のその先を描くレッスン

「海の近くの最高に波がいい場所に家族と暮らし、毎日サーフィン三昧《ざんまい》の生活をしながら、仕事をする」。僕の友人の柳田厚志さんは、そんな夢を描きました。

サーフィン三昧というのは、年に2回休暇をとって海外でサーフィンする、のではないんです。空気を吸うかのように毎日やる。そのためには、当然、会社員ではムリで、起業する必要があります。さらに時間が自由になる働き方をする必要がある。そこで、柳田さんは、この未来に向けて生きるんだと決めたのです。

旅は、行き先が決まったらもう始まっています。

柳田さんと出会った当時、彼は年収300万円の出版社の新米ペーペー社員だったんですが、数年後、独立。そして、少しずつこのライフスタイルににじりより、ついには、この夢を叶えました。

現在、彼は、湘南の海まで数分で行ける1軒家に住み、波があれば仕事をせずにサーフィンに没頭するという生活で、ネットビジネスの「影の仕掛け人」と呼ばれ、億を超える収益を生み出す剛腕プロデューサーとしてその名をとどろかせています。

目標の多くは、「○○する！」「○○を買う」「○○達成」といったものだったりするわけですが、どんな夢を描くにしろ、日常に幸せがなければ本末転倒です。そこで彼は、「サーフィン三昧」という理想のライフスタイルを目標に掲げたのです。

夢を叶えたその先にどんな生活をしたいのか、それがライフスタイルです。

あなたも夢のその先にある理想の日常を思い描いてみましょう。
どこに住んでる？
部屋には何がある？　カーテンの色は？　どんなテーブルで、どんな食器を使ってる？
誰といる？
どんな服をきてる？
何時に起きる？
どんな生活をおくっている？
どんな働き方をしている？

夢のその先にある日常生活、ライフスタイルを詳細に絵に描いてみよう。
そして、いまと違うことがあれば、どんなに小さなことでもいいから（カーテンの色が違ったなど）、いまできることを実行してみよう。すると、その次元の未来とつながりますから、あとはいもづる式にその未来が引き寄せられていくのです。

夢の見方2

人気絵本作家・のぶみ編

人気絵本作家の、のぶみさん。
オーラが見える人に、
「のぶみさんのオーラは赤と青にクッキリ分かれていますね」
と言われたときにこう返しました。
「要は、金色ってことですね」と。
さてその真意とは?

冒頭のクイズ、「要は、金色ってことですね？」

この会話はどう続くのか、のぶみさんと、オーラが見える先生との会話、傑作なのでここに再現してみましょう。

「のぶみさんのオーラは赤と青にクッキリ分かれていますね」

「要は、金色ってことですね」

「いや。のぶみさんのオーラは金色じゃなくて、赤と青にクッキリ分かれています」

「つまり、金色ってことですね」

「だから、金色じゃなくて赤と青にクッキリ分かれてるんですって！」

「あ、先生のオーラも金色ですよ」

「え!?　のぶみさんもオーラが見えるんですか？」

「見えますよ。先生のオーラはきれいな黄金のオーラです」

のぶみさんがそう伝えると、先生はちょっとうれしそうな表情になった。そこで、のぶみさんはこう伝えました。

「黄金のオーラって言われると、うれしいですよね？　その気になりますよね？　その気になればたいていのことはできる。だから、僕は自分のオーラは金色、黄金だって決めてるんです。その方が気持ちが上がるから」

事実よりも、もっと大きな影響力があるもの、それが「自分がどう思っているか」です。それが一番パワーがある。

のぶみさんは絵本作家として、出版界で日本一の記録をもつ男です。彼は35歳の時点で150冊以上もの絵本を出版し、これは出版点数、最年少記録になります。でも、彼はもともと池袋のチーマーのリーダーで、絵本なんか読んだこともない、いわゆるワルだったわけです。でも、好きになった女性が絵本が大好きで、

「あなたが絵本で賞をとったらつきあってもいい」

と言われて、それから毎日図書館に通い3カ月で6000冊もの絵本を読破。そこから絵本を描いて描いて描きまくり、身長180センチの彼の身長をはるかに超える作品を描き、ついに賞もとり、その勢いのままデビュー。いまや日本一の記録をもつ絵本作家にまでなったんです。

（ちなみに、このときの女性がいまの彼の奥様になり彼を支えています）

もともと才能があったわけではない。絵本が昔から好きだったわけでもない。絵を描くのが得意だったわけでもない。でも、彼は絵本作家になれたのです。しかも、とびきりの超人気の絵本作家に。

まわりから、どう言われようが関係ない。
自分がどう思うか。
自分がその気になったら、たいていのことはできる。

のぶみさんは体験的にそうわかっているんです。
だから、自分がテンションが上がるように思えばいいんです。

ちなみに、のぶみさんの**守護霊は、「イエス・キリストとマザー・テレサとマイケル・ジャクソン」**だそうです。

事実がどうかは関係ない。そう思ったらテンションが上がるから、そう思っているのだそうです（笑）。

のぶみさんに、こんなことも言われました。

「ひすいさんも、そもそろジョン・レノンとか守護霊につけたら？」

「え？　ジョン・レノンですか？」

「っていうか、ひすいさんはジョン・レノンの生まれ変わりだよ」

「マジですか？　のぶみさんにそう言われるとめちゃめちゃうれしいですね」

「間違いない。ひすいさんはジョン・レノンの再来だよ」

「あ、でも、ジョン・レノンがまだ生きてる頃、僕も生まれてましたけど、そういう生まれ変わりってありなんですかね？」

「ん？　それはないな」

こんな会話をふたりでまじめにしていたわけですが（笑）。


自分がどう思うかで現実が変わる。僕にも経験があります。

僕は、小さな通販会社で普通に働いていたサラリーマンだったので、作家になるなんてムリだって思ってた時期もあるんです。でも、あるセミナーで、ベストセラー作家さんと知り合えて、一緒に電車に乗ったときに、その思いが揺らいだんです。知り合ったベストセラー作家さんは、ちょっとした電車の揺れで、大きく揺れてコケそうになったんですね。そのとき、僕はこう思いました。

「え？　ベストセラー作家って、こんな小さな電車の揺れでコケそうになるの？　だったら、オレもなれそうだな……」って（笑）。

で、そう思ったら、ほんとに1年後になれちゃったんです。

なれないって思ってたときはずっとなれなかったんですが、なれるかもって思ったら、1年後にはなれたんです。すると、どうでしょう？

今度は、僕の友人たちが次々に本を出し始めました。

ざっと数えただけで20人以上います。

「あのひすいができるなら、オレもできるだろう」

みんな、そう思ったからです（笑）。


自分が信じられる限界が現実の限界です。

自分が難しいと思っていれば、難しくなるのは当たり前です。自分がどう思っているか、それこそが宇宙最大の影響力なんですから。あなたという世界のルールを決めているのは、何を隠そう、あなたの「思考」なんです。

「敵は本能寺にあり」と言ったのは、織田信長を倒した明智光秀ですが、敵は、自分の限界を勝手に小さく見積もっている自分の思い込みにあったんです。

なめんなよ、自分を。

夢の見方

夢はアッサリ叶ったっていい。
まずは「できない」ではなく、「できるかも」と思ってみよう。

アッサリすごい自分になるレッスン

あなたの夢を実際に叶えている人に、できるだけ多く会いにいこう。

あなたの友達の友達まで広げれば、あなたの夢をすでに叶えている人は案外いるものです。

講演に行ってもいいし、会ってもらえるように、あなたの気持ちを手紙に書くのだっていい。僕だって会いたい人に手紙を書いて会えたことだってあります。

そして、実際に会ってみると、そんなにあなたと大きく違うわけではないこともわかってきます。

夢を叶えた人の発する空気感に、あなたがなじむ頃、夢があなたの現実に忍び寄ってきます。

「夢が叶うなんかムリ」が「叶うかも」になったら夢は叶います。

人は出会いで変わる。

出会いで、いくらでも変われるんです。


夢を余裕で叶える自分になったっていい。

1000倍すごい自分になったっていい。

自分の可能性にドンドン許可を与えてあげてくださいね。

仕事が行き詰まったときの見方

日本一の大投資家・竹田和平さんは
会社の赤字とは「○○」を忘れた状態だと言いました。
さて何を忘れると、赤字になるのでしょうか?

仕事が行き詰まるときって、ありますよね。こんなとき、発想を変える、やり方を変える、など、いろいろ変えていく必要があるわけですが、変える前にやることがあるんです。変える前に、あることを思い出す必要があるんです。

49ページでも登場いただいた本田晃一さんと、竹田和平さんに再度登場いただきます。

まずは本田晃一さん。

本田さんのお父さんは、ゴルフの会員権の販売をするお仕事をしているのですが、バブル崩壊の煽《あお》りをうけて業界全体が大打撃をくらい、売り上げが急速に落ちてしまったことがありました。

そのときに、本田さんは、お父さんの会社を助けようと、インターネットで、ゴルフの会員権が売れるように仕組みをつくったのです。まだ高額商品はネットで売れないと言われていた2000年に、なんと初年度から10億円を売るサイトを本田さんは20代なかばにしてつくってしまったのです。この見事なまでの復活劇。本田さんは何をしたと思いますか？

お父さんが、ゴルフの会員権の販売をする**そもそもの原点**を思い出してもらうことから始めたんです。

「お父さんは、そもそもなんでゴルフの仕事を始めたの？」

「そりゃ儲かるからだよ」

即答だったそうです（笑）。

「でも、儲かる仕事は世の中にたくさんあるのに、なんでそもそもゴルフを選んだの？」

そもそもを掘り下げていくのです。すると……。

「どうしてだっけな〜。あ、思い出した。ゴルフを初めてやったときに、こんなに面白いスポーツが世の中にあったんだって感動したんだったよ。以来、ゴルフに行くときは、子どもが遠足に行くのを楽しみに待つような感覚で眠れなかった。みんながこんな気持ちになれば世の中は明るくなるだろうにと思って」

そう。人は原点の気持ちを忘れる生き物なのです。
でも、原点にこそエネルギーの源泉があるから、それを思い出せばいい。

先ほど書かせていただいたとおり、本田さんは、後に、日本一の投資家といわれる竹田和平さんの会社の社長を任されます。

和平さんは、100社以上の上場企業の大株主ですから、業績を落とした会社の社長さんが、大株主である和平さんのもとにお詫びに訪ねてきます。このとき、和平さんがどのように対応するのかを、本田さんはよく見ていました。

普通なら大きな損を与えたわけですから、和平さんはその社長に、小言のひとつやふたつ言ったっていい場面です。ところが、和平さんは怒るどころか、業績を落としていた会社がV字回復した事例の記事を切り抜いておいて、それをもとに社長を励ましていたのです。そのときは、先物取り引きの会社の社長が来ていたそうですが、和平さんは先物取り引きという仕事がいかに社会に役立っているかをこんこんと話されたそうです。

「ええかい、あんたの仕事は尊いねぇ。先物のおかげで農家は安心して生産できるよねぇ。ええかい、あんたほど日本の役に立てる社長はほかにおるかね？　あんたが輝けば日本は輝くがねぇ」と。

そして、**「なんのための仕事なのか？」**というところをしっかり思い出してもらうことで、社長の瞳が輝いていったそうです。

和平さんはこう言っています。

「仕事というのは本来尊いものだがね。
世のため人のためになってるよね。
赤字になるというのは、
何のためにという動機を忘れてしまうからだよねぇ。
だから、動機を思い出させてあげれば
たちまち黒字に戻るがね。
動機はたいがい愛につながっとるねぇ」

そもそもの動機を思い出したとき、人は原点に戻れるのです。

あなたのなかに、もともとあった愛を思い出せばいいんです。


本田さんは言います。

「愛のために」に立ち戻ったら、今度は、そこからどこに向かいたいのか、ほんとはどうしたいのか、再び問いかけてみるのだと。

愛から旅立てば、あとはどこへ行ったって、そこは愛の世界です。

行き詰まったときの見方

行き詰まったときは、最初の目的を忘れた状態と見る。

なんのためにそれを始めたのか、そもそもの原点（愛）を思い出そう。

愛と出会うレッスン

逆に、まわりの人にも聞いてまわろう。

「そもそもなんでそれを始めたの?」って。

それは人の心の中にある愛を引き出す質問です。

僕がこうして本を書いてるのも、「そもそもなんでそれを始めたの?」って聞かれたら、こう答えます。

「僕は昔、ひとみしりで性格もすごく暗くて、だから、とにかく生きにくくて。そんな僕を助けてくれる考え方はないかって、毎日本屋さんに通っていたんです。当時は、本が友達で、本が親友で、本がいつもいつも僕を助けてくれた。だから、本が大好きなんです。本の形も手触りも匂いもすべてが好き。本に御礼したい気持ちなんです。こうしていま本を書いているのは、かつての僕のように生きにくいと思っている人の助けになりたい。その一心なんです」


そもそもの動機には、やっぱり愛がありました。

運命の見方

遺伝学者、木村資生《もとお》さんによると、
生き物が生まれる確率は、
1億円の宝くじに
○回連続で当選するのと同じだといいます。
さて何回連続でしょうか?

カレーライス。そこにカレーライスがあるのは、カレーライスをつくろうって思った人がいるからです。

小籠包《しょうろんぽう》。そこに小籠包があるのは、小籠包をつくろうって思った人がいるからです。

ポテトサラダ。そこにポテトサラダがあるのは、ポテトサラダをつくろうって思った人がいるからです。

ちなみに、カレーライス、小籠包、ポテトサラダは、うちの息子の大好物で、息子はおなかがすくと、「とおちゃん、今なら、小籠包１００個食えるぜ」って言います。

まあ、そんなことはどうでもいいですね（笑）。話をすすめましょう。

あなたの部屋にあるものだってそう。ペン、パソコン、スリッパ、本、ピアノ、携帯電話、机、イス、クーラー、水筒、写真、シャツ、ＣＤ、なにもかもつくった人がいます。この世界にあるものはすべてそれをつくった人がいるのです。

村松恒平さんの著書、『神様学入門』のなかで、こんなフレーズを見つけました。

「偶然に目玉焼きひとつできたことがあるだろうか？」

例えば会社に行っている間に鶏の卵がなぜか偶然高いところから落ちて、そこにはたまたまフライパンがあって、ちょうどぴったり殻が割れて、中身がフライパンに入って、なおかつ、フライパンには油がひいてあって、しかもその下には運良くコンロがあり、なぜか火がついていて、しかもちょうど半熟に焼けたところで火が消えたなんてことはあるだろうか、と。

ないよ。

ない、ない、ない、ない。はっきりいって、ない。偶然できた目玉焼きなど数十万年の人類史のなかで一度だってない。目玉焼きひとつでさえ、偶然できた目玉焼きなどないんだから、命が偶然できるわけがないんです。

すべてのものの背後には必ずクリエイターがいる。

そのクリエイターを人は、「神」と呼んだり「サムシング・グレート」と呼んできたわけです。

もうひとつ例をあげましょうか。日本で唯一のダーウィン・メダル（生物学における世界最高レベルの賞）を受賞している遺伝学者、木村資生さんは、生き物が生まれる確率は、１億円の宝くじが何回当選するのと同じだと言っていると思いますか？

100万回連続で当たる確率だそうです。

かりに１億円の宝くじが１００万回連続であなたに当たったとします。このケースで考えられることはただひとつです。

はい。それは**100％やらせだってことです。**

そう、この宇宙は神様のやらせだとしか考えられないんです。だとしたら、

神様に失敗作はあると思いますか？

自分の運命を信じられなくなるときってあると思います。

「でも、大丈夫だよ」って僕は伝えてあげたい。

キミの命だって、神様によって生みだされた創造物だから、キミの人生に、失敗なんてありえないんです。失敗に見えたとしてもちゃんとそこには意味がある。時間がたてばその意味が紐解かれる日がくるはずです。

だから起きた出来事は全部マル。

すべては自分が成長するために起きた。

そう考えてみればいいのです。

起きることは起きるし、起きないことは、どんなに心配したところで絶対に起きない。

そう捉えて、運命を天に任せて、あとはひとつひとつ、一生懸命、目の前のことに向き合っていけばいいのです。

すると、振り返ったときに三重マルの人生が待っていることでしょう。


代替医療の世界的権威、ディーパック・チョプラ医学博士によると、

僕らは1日に6万回以上の考えごとをしているそうです。

毎日、過ぎ去ってしまった過去をくよくよ後悔し、起こるかどうかもわからない未来の不安にあれこれ頭を悩ませているんです。その数、1日に約6万回ですよ。1カ月にすると1800万回です。だから、頭はいつもワクワクしない、後悔か心配ばかりしている。

だったら、起きることは全部マルって決めちゃって、1日に6万回も考え事をするエネルギーを、いま、ここに注ぎ込んだ方が、絶対、人生楽しくなると思いませんか？

人生は決めたもん勝ちです。

運命（未来）の見方

起きたことは全部マル。
これから起きることも全部マル。
すべては、全部自分の成長のために必要だから起きたと、決めちゃう。

起きたことは全部マルレッスン

あなたがいま、うまくいっているものをひとつ選んでください。
もしくは、この人と出会えてよかったって思える人を一人思い浮かべてください。

そのうまくいっていることや人と、どうして出会ったのか、その源流をずっとさかのぼってみてください。すると、たいがいツラかったことや、不幸な出来事が出発点になっていることが多いことに気づけるはずです。

例えば、僕が最初に、ものの見方を教わった師匠は、社会人デビューを果たした会社の社長です。なぜその社長と出会えたかというと、僕が赤面症でひとみしりだったからです。そんな僕を心配してくれた友人が「オレの紹介ならすぐ雇ってくれる会社があるよ」って紹介してもらったのがきっかけです。

あなたがいまうまくいってることや恩師との出会いをふりかえってみてください。

すると、そこには、うまくいかなかったこと、ツラかったことがごっそり出てくるはずです。

辛いの一歩先にあるもの、それが幸せです。

第4章

マイナスがプラスに反転する見方

——あ、こんな見方があったのか！

思い通りにいかないときの見方

「福島先生ならどんな居酒屋をつくりますか？」

いつか自分の居酒屋をひらきたいという夢をもつ若者がコンサルタントの福島正伸《ふくしままさのぶ》先生に、そう質問しました。福島先生の回答はこうでした。

「私なら１種類しかメニューのない居酒屋をつくります！」

さて、その心は？

回答例

「ビールだけあればいいんだよ。つまみは夢でいいでしょ？」――カヤノヒデアキ（東京）

「夢は1つに絞ったら実現する！」――宇宙の営み（島根）

「『なんで1品だけなの？』と、お客さんとの会話のキッカケになる」――otoshimon（京都）

「メニューが1種類しかない店として話題になる」――あやちゃん（石川）

「自分の一番得意で、
大好きなメニューに絞って勝負する」——otoshimon（京都）

「居心地がよければ
メニューの数じゃない」——中居なほ（愛知）

「メニューは、ごはんのみ。おかずは持ち込み自由。
そうすればメニューは
無限大に広がるだろ？」——Miki 夫（北海道）

「福島先生は
明太子パスタしか作れないから」——St. ミディアムレア（神奈川）

吉田松陰の再来！

コンサルタント界の King of Pop ！

数々の異名をもつ、**福島正伸先生！**

一部上場を果たした社長を10人以上生み出した伝説のコンサルタント。この福島先生と年に1回、経営者研修合宿をご一緒させていただいてるのですが、そこで、毎回、僕が感動するのが質疑応答なんです。福島先生はどんな質問であろうと0・1秒で答えます。質問を聞いた瞬間に、大きく右手を回して、「それはですね」と答え始めます。


どんな質問がきても、即座に回答されるので、ふたりきりになったときに福島先生に聞いてみたのです。

「なんで、あんなに回答が速いんですか？　右腕を大きく回してる間に0・1秒稼げるので、その間に考えてるんですか？」と。福島先生の答えはこうでした。

「ひすいさん、それが違うんだよ。実は質問を聞いた瞬間に答えがある」

「え⁉　どういうことですか？」

種を明かせばこういうことでした。福島先生は20代の頃から、コンサルタントをしているので、当時は講演にこられる経営者たちは40代、50代、60代と福島先生の大先輩たちばかり。だから、講演後の質疑応答では、うまく答えられないことが多かったのだとか。それで福島先生は質問をその場で受けるのをやめたのだそうです。そして、質問は紙に書いて提出してもらうことにして、後日、ひとつひとつの質問に、じっくり時間をかけて考えて、順次質問をされた方に回答されていかれたのだとか。

その質問に答えた用紙はなんと5000枚！

1000の質問に答えるのに2年ちかくかかったそうですが、それ以降は、どんな質問をされても、過去に真剣に考え抜いたことしか聞かれなくなったそうです。だから、1000の質問に答えて以降は、即座に回答できるようになったそうです。

さて、ここで冒頭のクイズになります。そんな福島先生に、いつか自分の居酒屋をひらきたいと思ってる若者が、「福島先生ならどんな居酒屋をつくりますか？」と質問したのです。

福島先生は、大きく右手を回して、「それはですね」と0・1秒で回答を始めました。

「私なら、メニューが1種類しかない居酒屋をつくります！」

意外な答えに、質問した若者も真意が捉えきれず、目がクエスチョンマークでした。

福島先生の意図はこうでした。

「メニューが1種類しかないにもかかわらず、

お客さんがひっきりなしに来てくれる居酒屋にするにはどうすればいいだろう？

と、そこから発想します」ということでした。

人は、「お金がないからできない」。「人がいないからできない」。「コネがないからムリ」。「経験がないからできない」。「不況だからできない」と困難な条件をあげて、できない理由を説明します。でも福島先生のものの見方はまったく違うんです。

お金がないなかで、どうすればできるのかを考えるのが面白いんじゃない？

人がいないなかで、どうやってまわしていくか考えるのが面白いんじゃない？

不況にもかかわらず、どうすれば人を呼べるか考えるのが面白いんじゃない？

と。

最悪な状況にもかかわらず、それでもお客さんがきてくれる方法を考えるのが面白いのだ、と。

人は、思い通りにいかないことを嫌います。

でも、人生の達人は思い通りにいかないからこそ、「面白い」、そう考えるのです。

事実そうです。

なぜ、大人は休日に重いゴルフバッグをもって、しかも朝早く起きて出かけるのでしょう？

それは、ゴルフは思い通りにいかないからです。ボールを手でにぎりしめてホールに手でねじこんではいけないからです（笑）。

サッカーが面白い理由だってそう。手を使ってはいけないからサッカーは面白いんです。

メニューが1種類しかないにもかかわらず、お客さんが思わず来たくなる居酒屋ってどんな居酒屋だろう？

そう考えていくのが面白いのだと。

福島先生はこう言っていました。

「例えば、ビールを運ぶ際に、お客さんの耳もとでそっと名言を言ってくれるスタッフがいる居酒屋だったら、メニューが1種類でも、ちょっと行きたくなりますよね？」と。

例えば、ビールを届ける際に、スタッフがあなたの耳元でこうささやくのです。

「夢しか実現しない」と。

そして、おかわりすると、また耳元で、

「うまくやるより全力でやる」と。

この居酒屋、おかわりするたびに耳元で名言をささやかれるぞって（笑）。

面白いから、また、おかわりすると、

「あきらめない限り、人生には成功しかない」

そんなふうに言われたら、あきらめずに、もう一杯飲みたくなるじゃないですか。

すると、

「後悔しない人生とは、挑戦し続けた人生である」

これで、もう一杯おかわりに挑戦です。どんだけ飲ませるんだこの店！（笑）

ちなみに、右はすべて福島先生の名言です。

路上で歌っているミュージシャンがいれば、声をかけてもいい。

「外は寒いでしょう？　あったかいものでも飲みながら、うちの居酒屋で歌いませんか？」

そうすれば、ミュージシャンのいる居酒屋だって実現できる。方法は無限にあるんです。

うちの息子はマリオブラザーズというゲームが大好きでした。でも、いまはもうしません。すべて思い通りにいくからです。思い通りにいくことの本質は、「退屈」なのです。

先が見えないことに挑戦するのは不安も伴います。
でも、不安があるところに、未知なる可能性もまたあります。
不安がなく、すべて先が見えていたら、そこにワクワクもなく退屈するだけです。
不安、おおいにけっこう。不安はワクワクの一種。家族の一員みたいなもんです。
理想を描き、不安のど真ん中を行こう。

思い通りにいかないときの見方

思い通りにいかないからこそ「面白い」と捉える。

思い通りにいかないことを楽しむレッスン

ゲームを面白くするには、２つの要素が必要です。

まず、是が非でも辿り着きたいゴールを決めることです。マリオでいえば、キノコ王国のお姫様ピーチ姫を助けるというゴール（ミッション）です。

でも、それだけではゲームは面白くなりません。敵（障害）が必要です。マリオでいう宿敵クッパ大魔王です。敵（障害）は、現実に当てはめれば、イヤな上司だったり、ライバルだったり、お金がないことだったり、スタッフがいないことだったり、立地が悪いことだったり……。これら障害こそゲームを面白くしてくれる「設定」なのです。

障害をどう乗り越えるか、それがゲームの面白さです。

まずは、理想を描くんです。行きたいゴールを決める。やりとげたいミッションを決めるのです。

お店をつくりたいならば、どんな店にしたいか決めるんです。すると、あとは困難は向こうからやってきてくれますので、それをひとつひとつ乗り越えていくだけです。

これで面白いゲームの始まりです。

「寂しい」の見方

「いまから死にたい」
友人がそう電話をかけてきたら、
あなたは電話口でまずなんと言う？
心理学博士の小林正観さんは、あろうことか
「コロッケをつくってほしい」と切り出したのです。
その心とは？

再び、心理学博士の小林正観さんに登場いただきます。
ものの見方の天才っぷりを見ていただきましょう。

ある夜のことです。
小林正観さんの奥さんの友人が「もう死にたい」と電話をかけてきました。急を要すると感じた正観さんは、ここで奥さんになんと言ったか。

「コロッケ！」です。

たまたま北海道から送られてきたジャガイモがたくさんあったので正観さんは奥さんに、そのジャガイモを一箱もって、「もう死にたい」と電話をかけてきた友人の家にすぐに駆けつけるように指示します。そして、その友人にこう頼むようにと。

「このジャガイモを全部使って、明日の朝までにコロッケをつくってほしい」

翌日、電話をかけてきた友人がコロッケをもってきてこう言ったそうです。

「コロッケをつくってと言われたことはうれしかった。朝までと言われたから、眠らずに夢中でつくった。夢中になって揚げた。そうしたら、死にたいという気持ちがなくなっていました」

夜中でも、すぐに奥さんを駆けつけさせ、意識が向かう先を、死からコロッケへ軌道修正させた。そして、言葉で「死ぬな」と説得するのではなくコロッケをつくるという具体的な行動を起こさせた。人の心は言葉で動かないこともあります。

具体的な頼まれごとが**「自分は必要とされている」**と感じさせてくれることがあるのです。

自分は、まわりから必要とされていない。そんな寂しさこそが人を死に追い込むんだということを正観さんはわかっていたのです。

「明日の朝までにコロッケをつくってほしい」。奇想天外な答えでしたが、心の本質を捉えた、あっぱれな回答です。こんな回答を、正観さんは０・１秒で出されたわけです。

僕らは、つながりのなかで生きている存在です。

だから、「人間」と書きます。人と人との間（つながり）で生きているのです。そのつながりを再確認させてくれるのが、「自分は必要とされている」という思いです。

「自分は必要とされている」。この感覚が、男性の場合は、誰かの役に立っているという実感を求めることにあらわれ、女性の場合は、大切にされたい、愛されたいという思いにあらわれます。どちらにしろ、人と人とのつながりのなかに大きな幸せはあるのです。

孤独とは、そのつながりを感じられない状況です。

そんなときは、**「役割」**を思い出せばいいんです。

家族のなかの役割、会社のなかの役割、友達のなかの役割、妻（夫）としての役割、両親への子どもという役割。植物に水をやる役割、犬を散歩する役割、パン屋さんのおばあちゃんに「おはよう」って声をかけてあげる役割。あなたの家の近くの道ばたにそっと咲いているお花にちゃんと気づいてあげることだってあなたにしかできない役割です。もし、あなたがいなくなったなら、そのお花はとっても寂しがることでしょう。

逆に負担に感じる役割があればそれをやめる自由だって僕らにはあります。

僕の場合は、前でも触れたように、赤面症でひとみしりで、暗く内向的な性格でずっと悩んでいました。そんな僕が大学を卒業後、ひょんなことから、営業マンになってしまったので、これがまた売れない、売れない。当時の僕はうまく商品説明なんてできませんから、できることといえば話を聞くことくらい。でも、この聞くことが、結果的に、僕の人生を変える「役割」になっていったのです。

ダメダメな僕をそれでも雇ってくれた社長。だから僕は社長のことが大好きだったんですが、この社長の、ものの見方がとても面白かったこともあり、いつも興味津々に話を聞いていたんです。すると、社長は僕を気にいってくれて、社長が東京支社にいる3日間は、必ず夕飯に誘ってくれるようになりました。僕としては、ただ興味をもって社長の話を聞いていただけなんですが、社長から見たら、自分の考えを聞いてもらうことで自分で自分を見つめ直す時間になっていたのかもしれません。

僕の方は、社長と一緒にいさせていただくことで、「そんなふうに考えるといいのかー」と、ものの見方に対するセンスが磨かれていくことになったんです。例えば、あるお客さんが「わたしの娘は、いい年なのに結婚もせずに困ってるんです」と相談を始めたとき、社長はこう答えたんです。

「娘さんに早く結婚して不幸になってほしいんですね？」と。

「なんて回答ですか！」って思わず社長につっこみたくなりました。お客さんも、

「社長、なに言ってるんですか！　娘に幸せになってほしいんですよ」と。すると、

社長は、

「でも、いま、ひとりでも幸せそうなんでしょ？」と。

「はい。そうです」

「じゃあ、いまのままでいいじゃないですか？」

「あ、そう言われたらそうですね」

そうか、すべての目的は幸せになるためなのかって。

こんなふうに、僕は社長の話を目をキラキラさせていつも聞いていたのですが、そこを社長が気にいってくれたのです。

ただ話を聞くことだって、立派な役割になるんです。事実、このおかげで、僕はたくさんの時間をこの社長のもとで過ごせました。そして、仕事を覚え、いまはこうして、あなたに、ものの見方を伝えられるようにまでなりました。

あなたが心地よく感じる役割を見いだして、その役割を丁寧にこなしていくことです。すると、そこに喜びが生まれ、その「役割」は「生きがい」に成長していくことだってあるんです。

孤独の見方

寂しいときは、新しい「役割」を見つけるとき。

まわりをきょろきょろ見渡して、
あなたがムリなくできることで誰かの笑顔を生み出してみよう。

自分にピッタリな役割を見つけるレッスン

役割なんてわからないという方にはとっておきの方法があります。

まず、鏡を5枚買って部屋でよく見る場所にかけてください。

そして今日から笑顔の練習です。鏡に目が行くたびにニッコリ微笑んでください。

ステキな笑顔が出るようになると、次第にあなたに頼まれごとがやってきます。

それを笑顔で、「はい！　よろこんで」とできるだけ好き嫌いを言わずに受けるのです。

（お金をかしてほしいとか、どうしてもイヤなものはもちろん断ってくださいね）

すると、次第に頼まれることに傾向が生まれてきます。

その傾向こそあなたにピッタリな役割だったりするんです。

自分の顔は自分で見れないように、意外に自分の素質は、まわりの人の方がわかっていたりする。

笑顔でいると、まわりの人たちがあなたにとって一番いい場所に「命」を「運」んでくれるんです。

それを「運命」といいます。

0点の見方

うちの息子が、あと3カ月で高校受験というタイミングで、英語で0点を取ってきました。さすがに0点の答案を初めて見た僕は「とおちゃん、0点初めて見たよ」と伝えると、息子は笑いながらなんと言ったでしょうか?

この本のプロローグでは、うちの息子の小学校のときのエピソードを書きましたが、そんな息子もすくすく育ち、今年（二〇一八年）、高校受験を迎えました。

まずは、高校受験を３カ月後に控えた、11月にひとつめの事件は起きました。映画「ビリギャル」を見てしまったことが、息子の運命を決定づけてしまったのです。

「ビリギャル」とは、成績ビリのギャルが１年で偏差値を急上昇させ慶應大学に見事合格する感動実話ストーリーなわけですが、それを見た息子はこう言ったんです。

「とおちゃん、オレ、悟ったよ。勉強するのはまだ早いと。とおちゃんも絶対『ビリギャル』見た方がいい」

イヤイヤイヤ！　早くない！！！

このときすでに11月。２月に私立の受験が迫っていたわけで残り３カ月なのです。

挙げ句の果てには、こんな発言が息子から飛び出したのです。

「かあちゃん、オレ高校落ちても、なんにも落ち込まないから、かあちゃんも心配しなくて大丈夫だよ」

カミさんは

「私が落ち込むわ!!!」

と叫んでおりました。

そして、そして、息子の夢があきらかになったのです。

「オレの夢は、一生実家暮らし!」

たくさんの人たちの夢を応援してきた、ひすいこたろうですが、「叶わないでくれ」と心から願った夢は初めてです(笑)。

そんな息子くん、受験が迫る中で、英語で0点取ってきたわけです。

さてここからがクイズの答えです。さすがに0点の答案を初めて見た僕は「とおちゃん、0点初めて見たよ」と伝えると息子がこう言って笑ったんです。

「自信あったんだけどね〜」

ない！　ない！

0点って普通、絶対、

自信ないはずなんです！（笑）

このとき、僕は衝撃とともに息子から教わりました。

100点取るより、0点の自分を楽しめていたら、それこそ1000点満点じゃないかと。

息子は、受験が迫っても、なにひとつ勉強せずに、悲壮感ゼロで、

「今日が人生で一番楽しかった」

と、のんきに学校から上機嫌で帰ってくるんです。

そんな息子が、ある日、家で珍しく勉強していたことがありました。

で、「とおちゃん、オレ、わかった！」と言うんです。

「とおちゃん、あのね、テストで、時計回りか、反時計回りかと聞かれた場合は、反時計回りと答えると、まず正解！」

息子くんよ、君は何を勉強してたのかな？

「とおちゃん、まだあるんだよ。比例しますか？　反比例しますか？と聞かれた場合は、比例と答えるとまず正解！」

だから、息子くんよ、君は何を勉強してたのかな。

「とおちゃん、それだけじゃないんだ。選択肢が
（ア）
（イ）
（ウ）
（エ）
（オ）
の５択だった場合は、（ウ）を選んでおけば間違いない」

だから、息子くんよ、君の勉強の仕方自体が間違いだよ（笑）。

そんな息子を心配して、ついには先生も時々、受験する高校について電話してくれるようになりました。すると息子は僕にこう言ったんです。

「あの先生、ちょくちょく電話来るけど暇なのかな〜」

暇じゃないっ！

むしろ、受験期の生徒をもつ先生はこの世界で一番忙しいから！

そして先生は、ある私立の高校を、受験するようにすすめてくれました。そこは息子の学力でも受かる学校なんです。

でも、電車とバスを乗り継いで1時間ちかくもかかります。電車酔いする息子が通うにはハードルが高いわけです。だから、息子は「そこは受験しない」と言うと僕は思っていたんですが「受験してみる」と。

「え？　受けるの？　電車で1時間の高校とか通えるの？」と聞いてみると、

「とおちゃん、楽勝で通えるよ。1週間に1回なら通えるよ」


息子は、はなから高校を週一で通うつもりだったんです。

週一ってアルバイトじゃないんだからね（笑）。

さて、さて、息子の受験物語をお伝えしてきたんですが、いよいよクライマックス。本命の公立の高校の願書提出に行ってきたんです。

その結果をうけて、先生は、こう発表しました。

「あ〜‼　あの高校、定員割れしてるな。これだと勉強してないやつまでみんな合格しちゃうな」

そして、その通り全員合格！

もってます、息子くん！（笑）

カミさんはそんな息子をこう表現しました。

「まいった。アイツは人生の勝ち組だ！」

気分良く過ごしている人をカミサマは見捨てないようです。

願書を仲間たちと一緒に提出しに行った日。帰ってきた息子は、やっぱりこう言っていました。

「今日が人生で一番面白かった」

テストは0点でも、息子は、人生で一番面白い日をほぼ毎日更新しています。

犬がかわいいのは、お手が上手だからじゃないですよね？

おかわりがうまいからでもないですよね？

犬も猫もそのままでかわいいんです。

あなただってそうなんです。

だからダメな自分をゆるしてあげましょうよ。

明石家さんまさんはこう言っています。

「満点は星空だけでいい」

満点は星空に任せて、僕らは3点なら3点の自分を受けいれ、楽しんでいきましょう。

最後に、スヌーピーの漫画『ピーナッツ』にでてくるセリフを君に贈ります。

「人生はアイスクリームのようだ……なめることを覚えないと！」

0点の見方

0点も個性と見る。

人生とは100点を取るゲームではなく、3点なら3点をいかに面白がれるかというゲームなのです。「欠点」とはあなたに欠かせない点なのです。

0点を楽しむレッスン

自分のダメなところ、嫌なところをノートに全部書き出そう。

そして、書き出したら、そこにひとつひとつマルをつけていき、全部マルをつけたら、自分で自分を抱きしめて、こうつぶやこう。

「こんな自分、かわいい!!!」(笑)

空腹の見方

1000人の弟子がいて、
100%当たるといわれた
江戸時代の天才占い師が辿り着いた
究極の開運法とは、「○○し過ぎないこと」。
さて、その○○とは?

「百発百中当たらざることなし」「万にひとつの誤りなし」「日本一の観相師」
そういわれ、１００％当たるといわれた江戸時代の天才観相師（身体の相で占う）、
それが水野南北です。

体の相を見るだけで、相手がどんな性格なのか、どんな運命をたどるのか、手にとるように的確に見抜くのです。元は、人の運命の共通点を身体の相から割り出した統計学から発祥しています。例えば……


「若いころから髪の生え際がほどよくはげ上がる人は、天が早く晴れ渡り青空が出るのと同じで運気が強く出世も早い」

「まばたきを多くする人はイライラしている（気力が充実していると目の力が強いのでまばたきが少なくなる）」

「乳首の周辺が赤黒いのは吉（黒は陰で赤は陽。陰陽の両方の色が子孫を司る乳首に現われているから）」

「首筋が太い人は病気が少ない（体を木に当てはめると頭は根、首筋は幹なので、幹が太いのはいい）」

「肩は生涯の運勢と貧富を見る。入り婿の人は肩が自然にひそやかになる。これを〝肩身が狭い〟という。普段は体を使わないのに、肩に勢いが出てきたときは運勢が順調になっていく前兆」

「寝入ったとき、いびきがひびく者は精力強く身体も丈夫である（息は腎気に対応しているため）」

「眼の内が涙ぐんだように水気を含む者は女好きである」

ちなみに、僕もあなたがどういう人か100％当てることができます。

当ててみましょうか？

あなたは、ものの見方を学ぼうと思っている！

当たったでしょう？

そして、いま、あなたは僕に少しあきれている。

100％当たりましたでしょ？（笑）

話を戻します。水野南北という人物をもう少し詳しくおってみましょう。

大坂で生まれた水野南北は両親を早くに亡くしています。そして、10歳の頃より、盗み、酒、博打、喧嘩に明け暮れたというやんちゃぶりで、18歳のときに牢屋に入れられてしまいます。

しかし南北は、牢屋の中で罪人たちの顔を観察していてあることに気づくのです。牢屋にいる罪人たちの顔と、社会で平穏に暮らしている一般人の顔が、あまりに違うことに。このことから、南北は観相学に興味をもち研究を始めます。

そして、南北は神道、儒教、仏教の三道を深く研究し、当たる確率を80％まで高めましたが、さらに確率を高めようと、頭の相を研究するために3年間散髪屋で働き、今度は体の相を研究するために、3年間お風呂屋で働きます。極めつきは、死者の骨相を研究するために、3年間火葬場で働きました。

散髪屋さんでは、相手の人柄がわかり、かつ、頭の相を直接触れます。お風呂屋でも、近所の人たちの体の相を裸で見られます。そして、火葬場では骨の相が見られます。散髪屋、お風呂屋、火葬場と合わせて9年渡り歩き、その間に、まず間違わない、95％は当たるところまでいったそうです。

しかし南北はまだ悩んでいました。南北が目指していたのは、あくまで100%の的中率。95%でも納得がいかないのです。例外が許せない南北は、悩んだ末に、伊勢の五十鈴川で断食水行50日の荒行を行いました。そのときに、突如、インスピレーションがやってくるのです。

「人の命運は総て食にあり」と。

天下一の人相見である水野南北が辿り着いた結論が、「相」ではなく「食」だったというところが非常にユニークです。そして、ついに万にひとつもはずれがないという法則に辿り着くのです。これを実行していたら、絶対に運が衰えることはないというもの。それは……。

「食べ過ぎないこと」。

つまりは、「小食」ということです。

現代の栄養学でも、食べ過ぎると、体内の酵素が消費されてしまうことがわかっています。

また、長寿遺伝子と呼ばれる、サーチュインという「酵素群（たんぱく質）」は、普段は活性化していないのですが、食事の「カロリー」を制限したときに強力に活性化することもわかっています。「小食」こそ、例外のないたったひとつの開運の法則で、運を高める奥義だというのです。

そして、水野南北はこう誓ったのです。

「われ、衆人のために食を節す」

そして、自分の食を減らして、その減らした分を神様に捧げ、また、人に施したのです。

この真理に辿り着いた南北は、最終的に全国に１０００人以上もの弟子を持ち、晩年は皇室のごひいきを受け、「大日本」および、「日本中祖」の号を贈られています。実は、南北自身の顔の相は貧相で、めちゃめちゃ悪かったのに、このように大出世したのです。

人相がどれくらいよくなかったのか、当時の南北の似顔絵をお見せましょう。

どうも〜。水野南北で〜〜す！

南北自身、あまりに貧相なので、観相の先生だと信じてもらえず、弟子たちには、自分の似顔絵を持たせていたほどです（笑）。なかには、「先生の相を拝見すると、何一つよいところがありません。顔はせせこましいし、身体のどこを見ても先生にふさわしい相がないんですけど」と弟子に質問されている問答まで残っています。

そんな南北でしたが、「人の運命は食にあり」という悟りを開いてからは、運がどんどん開け、晩年は財もなし、短命の相だったにもかかわらず、寿命が現代の半分くらいだった江戸時代に75歳まで健康に生きたのでした。

では、まとめましょう。

「空腹の時間」と「運勢と健康」は比例すると見ればいい。

空腹で、おなかがグーとなったら、それは、あなたが幸せになるサイレンなのです。

「人格は飲食の慎みによって決まる」

水野南北

空腹の見方

「微食」は「美食」

「空腹」は「幸福」

空腹は運が蓄積される時間と見る。

食生活を悔い改めよう。

小食にするレッスン

①「いただきます」と食材に感謝していただく。
食べ終わったら、「ごちそうさま」と感謝で終える。
②箸で１回にとる量をできるだけ少なくする。
③口にしたものは、よく嚙んで味わう。
④一口、口に入れたら箸を箸置きに置くクセをつける。
⑥習慣が根付くとされる21日間、これらのことを実行する。

感謝してよく嚙んで味わうと、自然に小食になります。

ひとつひとつの味をゆったり味わいながら食材に向き合って食べる。これは、とても静かな贅沢な時間で、自身の感覚を鋭くしてくれます。これこそが、自分と向き合う、命と向き合う、現代の瞑想であるといっていいでしょう。

木村拓哉さんは、しっかり食事を味わいたいから間食はしないと雑誌のインタビューでおっしゃっていましたが、それだけ1回1回の食事に丁寧に向き合っているってことです。

「食べ方」は、「生き方」です。

ちなみに、小学生の息子と中華料理屋さんに行ったとき、ほとんど嚙まずに食べている息子を見て、「よく嚙もうね」と言ったら、「とおちゃん、麵はのどごしだよー」って注意されました（笑）。

「もうムリ」不可能の見方

1000名で二人三脚をして、
ギネスブックに挑戦。……のはずが、イベント当日、
参加者は400名しか来なかった。
イベント開始まであと3時間。
さあ、こんなとき主催者のあなたはなんと言う?

驚いたときに、思わず口から出る言葉、「WOW」。

僕もさまざまな「ワオ！」を体験してきましたが、伝説のホテルで有名な、経営者の鶴岡秀子さんに感じた「ワオ！」は別格でした。記すならこう。

ワオーーーーーーーーン！

オオカミが遠吠えするときのニュアンスです（笑）。


2011年11月3日。

11月3日といえば、東日本大震災3月11日をひっくりかえしたリバースデー。そんな日こそ、みんなが元気になるチャレンジをしようと鶴岡秀子さんは考えたのです。元気になるチャレンジ、それはなんといっても世界記録挑戦です！　そこで、どんな挑戦なら世界記録を狙えそうか調べてみました。すると、二人三脚を500組1000人で2000メートル走ればギネス記録となることがわかりました。これなら1000名集めることができれば達成できそうです。開催場所は千葉県の、ある中学校のグラウンドを借りました。

しかし、ギネス記録挑戦の際は、正式な審査員がイギリスから来るのですが、その審査がなかなか通らず、連絡がこなかったのです。11月3日は近づいてるのに告知もできないまま月日は流れていきました。ギネス側から連絡が入ったときには、開催1カ月を切る直前でした。

ここから1000名集めるのは至難のワザです。

鶴岡さんは、急ピッチでサイトをつくり告知をかけました。しかし、思うように人数が集まらない。開催場所は、東京駅から電車で1時間もかかる田舎町。集客は苦戦しました。11月2日開催日前日になっても、申込者はその半分以下の400名ほどでした。

そして11月3日イベント当日。集まったのは事前予約を下回る350人でした。1000名まで650人も足りないのです。さすがの鶴岡さんも、これには、もう、あきらめるしかない。

参加者さんはギネスに挑戦したくて、休日に千葉の田舎まで集まってきてくれていました。しかも、地方から新幹線や飛行機で駆けつけてくれた方たちだっている。イギリスからもギネスの審査員がふたり来ているなか、それが挑戦することすらできないなんてこんなに残念なイベントはありません。当日の朝、鶴岡さんは、広報担当リーダーに、「メディアも呼んでしまっているので、謝罪文を考えておいてください」と言われたそうです。

さて、どうやって、集まってくれた３５０名に謝るか。

鶴岡さんは、グラウンドに立ち、みなにこう告げました。

「みなさーーーーーーーん。実はまだ１０００名集まっていません。みなさん、携帯電話を出してください。そして、お家でお留守番をしているお爺ちゃんお婆ちゃん、息子さんや娘さん、お父さんやお母さん、お友達に電話して、いますぐここに来てほしいと連絡していただけないでしょうか。ご協力よろしくお願いします」

この期《ご》に及んで、鶴岡さんはまだあきらめていなかったんです。

鶴岡さんと何度か仕事でご一緒させていただいてるのでわかりますが、鶴岡さんは、「あきらめる」という5文字をはなからゴミ箱に捨てている人なんです。

ここから鶴岡さんの逆転劇は始まります。鶴岡さんは、すでに集まっているグラウンドの中に、隣の高校から来てくれた、野球部のユニフォームをきている数名を見つけます。走りかけて声をかけました。

「この中にキャプテンはいますか？」

キャプテンはいました。そこでこうお願いしたんです。

「キャプテンが誘ったら、他の部活で活動している子も参加してくれると思うので一緒に行って、このイベントへの参加を呼び掛けてもらえませんか？」

「……は、は、はい」

キャプテンがそうなずいてくれると、今度は、少し離れたところにテニス部らしき集団を見つけ鶴岡さんは同じように声をかけていきます。

それを見て希望を見いだした他のスタッフたちも一斉にライトバンに乗って走り出

しました。そして、近くの海でサーフィンをしている人や買い物中の人たちにも声をかけて、「これから二人三脚でギネスに挑戦するのでバスに乗ってください。皆様ご協力よろしくお願いします」とドンドン、グラウンドに送り込んだのです。

鶴岡さんの勢いは止まらない。その町の町長さんにも目をつけた（笑）。

「これからこの町でギネスブックに挑戦するので、みんなグラウンドに集まってくださいという放送を防災スピーカーで流してほしいんです」と。

これは絶対にありえません‼

「町長、防災スピーカーで告知してくれますよね？」

「……は、は、は、は、はい」

なんと、町長さんまで協力してくれることになったのです（笑）。

一方、グラウンドでは、参加者さんがみんな携帯電話を取り出して友達に電話をしている光景が。

そしてスタートの時間から40分経過後。

さあ、どうなったのか？

イギリスから来ているギネス認定員が人数を数えます。

583……813……985……992……


1006！

ワオーーーーーン！

参加者さんは1000名を超えていたのです。

町長さんも感極まり涙のガッツポーズ！（笑）

参加者さんたちも全員歓喜にわいた。

このイベント、ギネスに挑戦することよりも、みんなで1000名集める集客が最大の面白さに変わり、不可能をみなで可能にするチャレンジのなかで、ギネス以上の大感動が生まれたのです。

最後は、参加者さんたちの心に、やればできるんだと希望の花が咲きました。

歓喜が湧き上がるには、条件があります。

感動が生まれるには、条件があります。

「もうムリだ」「不可能だ」という環境です。

「もうムリだ」という条件なしに生まれた感動などこの世にありません。

「ムリだ」「不可能だ」「あきらめろ」と言われたら、「感動の3条件は整った」と見るのです。

ちなみに、このイベント前日、鶴岡さんは、あることを心配して、寝ずに準備していたそうです。

その心配とは……当日1000名以上来たらどうしよう？

心配するの、そこだった？（笑）

前日400名しか集まってないにもかかわらず、鶴岡さんは、二人三脚をするときに足をしばる紐を徹夜で1000組以上用意していたのです。

夢に向かう者は、「無謀だ」「ムリだ」「現実を見ろ」と言われるものです。

でも、鶴岡さんは「希望」しか眼中になかったのです。

だって、見たいのは「希望」だからです。

「すべては
自分を信じることから
始まる」

鶴岡秀子

「ムリだ」「不可能だ」「あきらめろ」と言われたときの見方

感動が生まれる3条件がすべて整ったと見る。

「ムリ！　できない！」と追い込まれたときのレッスン

ムリだってときに、自分に問うべき質問はこうです。

「もし、できるとしたら何をすればいいか？」

できる前提で考えるのです。

そして、いますぐできる小さなことを100個ノートに書き出して、それをかたっぱしからやるのです。

それでもダメなら、最後は町長に頼むべし！（笑）

ちなみに、ひとみしりな僕は、作家になってから講演を依頼されるのが悩みの種でした。緊張して、人前で話せなかったからです。だから最初の3年間は講演依頼はすべて断らせていただいてたんですが、ある方が、「ひすいさん、講演できるとしたら、どうやる?」って聞いてくれたんですね。

できる前提で考えたことなんかなかったので考えてみました。僕はこう答えました。

「人前で話さない講演ならできるかもしれません」(笑)

すると、その方は、小さな居酒屋を貸し切ってくれて、人前で話さない講演を主催してくれたのです。人数は20名限定。20名の前で話はせず、ひとりひとりのテーブルに回って全員と話したら終了というかたちで。そんなことを繰り返すうちに20名の前で話せるようになり、いまは1000名の前でも台本なしに2時間でも3時間でも話せるようになったんです。

できる前提で考えて、ムリなくできる小さな一歩を踏み出し続ける。すると新しい自分に出会えるのです。小さな一歩で世界は変わるのです。

100%の愛をこめて、小さな一歩を踏み出すのだ!

第5章 心がピカーンと晴れわたる人生の見方

——昨日までと人生がガラリと変わる!

怒りたいときの見方

大至急やるように頼まれて、
徹夜でやった仕事が、
「企画が変更になり白紙に戻りました」との
連絡が入り、がんばった仕事がムダに。
普通なら「ふざけんな！」って言いたくなる場面。
さて、こんなときなんて言う？

回答例

「ようやく頭が冴えてきたところなんです。
ここからが本番ですよ」――otoshimon（京都）

「おかけになった番号は、
現在使われておりません、と、
留守電のふりをする」――たのだるまん（大阪）

「燃えたよ、燃え尽きた、
真っ白にな……」――矢吹ジョー（大太浩次　東京）

「徹夜して風邪まで引いてしまったんです。ハッハッ、ハクシッッ!!（白紙）」――やじ（群馬）

「『ふじゃけるんじゃにゃい!!ゆるちゃやないゾ♥』とかわいく怒る」――ひすいこたろう

「やっほー」――がばちょん（埼玉）

僕の肩書きは、天才コピーライターです。

自分で天才と名乗っているわけですが、それには理由があります。誰も言ってくれないから、自分で言うことにしたのです。

それが何か問題でも？（笑）

でも、不思議。自分で言ってると、次第に、まわりがそう言ってくれるようになるんですね。言ったもん勝ちです。

そんなわけで（どんなわけだ）、僕はコピーライターの仕事もしているのですが、あるとき、キャラクターグッズの仕事で、キャラクターのセリフを何パターンも考える仕事を頼まれました。

締切りは1週間後というタイトなスケジュールでした。ちょうどその時期は、本の締切りも重なっており、なかなか時間がとれないときだったのですが、何とか引き受けました。そして、寝ずに考え提出した翌日、電話が入りました。

「ひすいさん、た、た、大変申し訳ございません！　せっかく提出いただいたんですが、キャラクターが変更になりまして。も、も、申し訳ないんですが、その変更になったキャラクターのセリフで新たにセリフをお願いできないでしょうか？　み、み、3日後までに……」

「変更だと？　ふざけんな！　こっちは寝ずにやったんだ！」

と、ここは、怒ることだってアリな場面でしたが、実際の僕はこう言ったのです。

「はははははははは。変更ですか!?　よくあることじゃないですか。何度でもやりますよ」

担当者はビックリしたようです。急な設定変更で僕に怒られると思って電話したら、「何度でもやりますよ」って笑いながら言うので。でも、そのことですっかりその担当者さんは僕のファンになってくれて、

「ひすいさんはホンモノだ」と社内で広めてくれたようなんです。

ホンモノってなんのホンモノなのか、よくわからないんですけどね（笑）。

そして、ギャラの高い仕事は、僕に回そう、回そうと根回ししてくれるようになったのです。

「ふざけんな！」って言いたくなるときや、逆境においこまれたとき、そんなピンチのときほど、見方を変えれば絶好のチャンスなんです。

何のチャンスだと思いますか？

相手の心に、伝説に残るチャンスです。

こんな状況で、もし「何度でもやりますよ」って笑えたら、相手のヒーローになれるんです。

僕だって、この場面は、「ふざけんな。こっちは徹夜で朝までやったんだ！」ってほんとは言いたいわけですよ（笑）。でも、そこをグッとこらえたら、相手の心に伝説に残ることがわかっているので、ムリしてでも笑いましたよ。

「はははははははは!!!　よくあることじゃないですか。何度でもやりますよ」って。

心の中では、よくあってたまるかって思いながらもね（笑）。

怒ることは、僕は悪いことだとは思ってないので、怒りたいときは、怒っていいと思います。事実、僕だって怒るときはあります。でも、この場合は、最後までこの仕事を全《まっと》うしたいなって思いが強かったので、だったら、同じやりなおすなら、変更になったから仕方なくやるのと、伝説のためにやるのでは、気持ちのノリがまったく違います。

相手が困ってるときこそ、**相手の想像を超えてやる!**

そう思うときって、自分の限界を超えられるんです。

そういえば、こんなこともありました。

あるホテルで寝坊してチェックアウトに遅れたことがあって、フロントから電話が入ったのです。

「お客様、もうチェックアウトの時間を過ぎています」

そう怒られると思ったら、宿の方はこう言ったのです。

「準備は大丈夫でしょうか? お荷物を運ぶのをお手伝いしましょうか?」

もう、この一言で、僕のハートはノックアウトです。

飛行機で床に珈琲をこぼしてしまったときも、客室乗務員さんに真っ先に言われたのが、「火傷《やけど》はありませんでしたか?」でした。こちらとしては絨毯《じゅうたん》に珈琲をこぼして申し訳ないって思いだったんですが、逆に心配してくれて、このときもノックアウトでした。

また、あるテーマパークでは、泣き出した子どもに密かにプレゼントされるプレミアムシールが存在します。親から見たら、子どもが泣き出すのは、困った事態なわけですが、そこをプラスに転じさせて楽しんでもらう仕掛けがあるのです。

ネガティブな事態こそ、感動を生みだす大チャンスにできるんです。

「ふざけんな！」って怒りたいときの見方

相手の心に一生残る、伝説になるチャンス。

逆境で伝説になるレッスン

どんな場面で、どう返すと相手の心に響くか、時間のあるときに考えて手帳に書いておきましょう。

例もあげておきましょうか。

待ち合わせに相手が遅刻した場合です。

僕の友人が、前述のコンサルタント福島正伸先生のオフィスへ打ち合わせに向かう際、1時間遅れそうとのことで福島先生に電話したのです。

「福島先生、大変申し訳ありません。13時からの打ち合わせですが、1時間遅れそうなんです」

すると、福島先生はこう言ったそうです。

「え？　私の手帳は打ち合わせは14時からになってますすよ。安心してゆっくり来てください」

なんだ、14時からかと思って、友人は安心して向かったそうですが、あとで予定表を確認したら、やっぱり、13時からとちゃんと明記してあった。つまり、相手を焦らせないようにした福島先生の心遣いだったわけです。

遅れる相手にも心を配る。相手を思いやることこそほんとの「心配」なんですね。友人は、この福島伝説を会う人ごとに語り続け、ついには、こうしてあなたの耳にまで届くことになりました。

ね？

ネガティブな事態でどう心を配るかで、伝説になるんです！

最後に僕の息子の例もあげておきましょう。

うちのかみさんは料理が苦手なんですが、あるとき、がんばってカツを揚げてくれたことがあったんです。でも、やっぱり、失敗しちゃって、コゲコゲになっていまして、そのとき、息子はこう言ったんです。

「逆に、うまい。逆に」って。

その一言にかみさんはウルウルきてましたね。

僕も、そんな美しい「逆に」の使い方があるのかって感動しました。

相手の想像の３センチ上を行くと、とっても楽しいよ。

ゴミの見方

水晶や翡翠《ひすい》などの宝石を身につけると
運気が上がると言われていますが、
世界最強、この世で一番運気の上がるアイテムは
何かというと、なんと、「巾着袋《きんちやく》」だそうです。
さて、その心は?

スピリチュアルなメッセージを綴《つづ》った『サイン』という本があります。著者のひとり、龍さんとコラボ講演させていただいたときに読んで衝撃を受けたのですが、その本のなかに、

「この世で一番運気の上がるアイテム」

として、巾着袋が紹介されていたんです。

なぜ巾着袋がいいのか、その回答に、僕はほんとうにびっくりしたのです。神様じゃないと、こんな発想できないんじゃないか、それくらい驚きました。

その巾着袋に入れるものは、道端のゴミです。

中にスーパーの袋などを入れておいて、街を歩いて気になったゴミをそこに入れるのです。ゴミを入れれば入れるほど、巾着袋によい気が充満し、パワーグッズならぬラッキーアイテムに変わるというのです。

拾ったゴミは、家のゴミ箱か、しかるべきところに捨てます。そして、ゴミを拾う習慣ができると、素晴らしいラッキーがやってくると。

本の中にはこう記されています。

「もし、日本中に、日本の文化を取り入れた可愛いゴミ巾着が増えると、昔から日本を愛してやまない神様たちも喜びます」

ゴミが運気を上げる。

なんてすごいものの見方をするんだって、僕は感動しました。感じたら動く、それが「感動」ですから、早速、実践してみたんです。ほんとうに運気を上げてくれるんだろうかという実験の気持ちもあって。

実際やってみてわかったんですが、これ、ヤバいです。

ゴミを拾うと、なんだかとっても気持ちいいんです！

誰かに見られているときなどは恥ずかしいのですが、それでも拾います。

道ばたで落ちているゴミをすべて拾いだすと歩けなくなるので、僕の場合は、巾着袋に入れるゴミは、1日ひとつでオッケーというルールでやっています。

うちの子どもと一緒に歩いてるときも、さっとゴミを拾い巾着に入れました。子どもはあえて、そのことに触れてきませんし、僕も何も言いませんが、とにかく気持ちいいんです。

この1年で一番気持ちよかったかも（笑）。

これね、どう考えても運気が上がるなって思いました。
だって、すごくいい気分になれるんです。続けていくと、

自分は、この星に存在していいって気になってくるんです。

自分を好きになれるんです。上機嫌で1日を過ごせるんです。
1日24時間、いつも一緒にいるのは自分です。
だからその自分を好きになれるって、とんでもなく大きな影響があるんです。
ドイツを代表する文豪のゲーテはこう言いました。

「人間の最大の罪は不機嫌である」。
つまり、上機嫌でいることはそれだけで〝愛〟なのです。

巾着袋をカバンに入れるようになってからの、僕の変化はというと、まず人に嫉妬する気持ちが薄らいできました。ライバルだと思ってるような存在が僕にもいて、ライバルがすごく結果を出しているのを見ると、「いいなー」って嫉妬の気持ちがかつてはあったんです。でも、最近は、「地球がいい星になるようなら誰ががんばったっていいよね」って、地球の気持ちで考えてる自分がいたんです。これには驚きました（笑）。やることは小さいけど、気持ちだけは地球規模！（笑）
遅ればせながら、ひすいこたろう、ようやくライバルの活躍を喜べるように成長できました。ゴミ拾いのおかげです。

先日も、新幹線の中で、流れる風景を眺めながら「地球が優しい星になるようにがんばりたいな」ってふと思っている自分がいたんです。
「なに、このやさしい気持ち⁉」って（笑）。

いつもそういう状態でいるわけじゃないんですが、優しい気持ちで過ごせる時間が少しずつ増えてきたんです。

優しい気持ちが、優しい行動を生むって、それまでは思っていました。

でも、逆もあったんです。

優しい行動が、優しい気持ちを生む。

たかが巾着、されど巾着です。

ゴミの見方

ゴミは、運気を上げ、優しい気持ちになれるラッキーアイテム。

自分を好きになるレッスン

お気に入りの巾着袋を用意して、まずは21日間試してみよう。

・ゴミを拾うのは、1日1個でもOK！

・鼻水をかんだと思われるティッシュなど難易度の高いものはスルーしてOK！

・拾わずに見逃したゴミに罪悪感を抱えなくてOK！

・忘れた日があってもOK！　思い出した日からまた続ける。

そんなゆるいルールで僕はやっています（笑）。

1日ひとつゴミを拾ったって、意味はないかもしれない。でもひとつ拾えば、確実にひとつ分、地球はきれいになるんです。

そんなことを続けていくと、次第に心が晴れ渡り、自分を好きになれ、上機嫌で毎日を過ごせるようになります。ぜひお試しあれ。まずはかわいい巾着買いましょうね。

ツラい過去の見方

過去は変えられないっていわれます。
しかし過去を変える方法はひとつだけあるんです。
それは○○を変えることです。
さてその○○とは?

僕の友人の話です。

彼は小学校1年生のとき、チック症（瞬きや首振り、顔をしかめるなどの動きが本人の意思と無関係に繰り返し起きる状態）になったのをきっかけに、いじめられるようになってしまいます。それ以来、いつも、「どうすれば一番楽に死ねるか？」と考えるようになり、「雷に打たれるのが一番ラクかな」「富士の樹海で孤独に死ぬのもアリだな」、そんな空想に耽《ふけ》ってばかりいたそうです。

暗い気持ちを抱え、夢も希望もないまま就職活動の時期を迎えます。そして、ある日、なにげなく参加したワイキューブという会社の説明会で彼の人生が変わることになるのです。

社長の安田佳生《よしお》さんがご自身の話をしていました。安田さんは幼い頃から根暗で、勉強もスポーツもできず、いじめられっ子だったそうです。それで18歳のときに日本から逃げるようにしてアメリカの大学で生物学を学んだ。でも研究者としてはやっていけないと思ってまた逃げるように日本に帰ってきて就職。でも決められた仕事を決められた時間内にするというのも苦手で、知らない人と話すことも苦手。電話を取ることすらできず。だから、サラリーマンには向いてないと思って、やりたい仕事を自分で決められる社長になるしかないと、試行錯誤のすえ起業しました。

そうしてしばらくたつと、昔のダメだった自分の話をしても「やっぱり起業される方は違いますね」とか、「アメリカにポンと渡ってしまう行動力が素晴らしい！」なんて言葉ばかりが返ってくるようになったそうです。

「いやいや、違うんです。単に逃げただけなんです」

そう正直に告げたら、「そういう謙虚なところが凄い」と、また絶賛されてしまう。

そこでひとつの事実に気づいたのだとか。

「過去の実績が未来を決めるのではない」と。

ではなにか？

「未来の実績が過去に対する評価を変える」

安田さんの、この言葉を聞いて友人は衝撃が走ったそうです。

その日までは、ずっといじめられた過去の記憶が彼を縛っていた。トラウマの鎖に縛られていた。「自分はもう何をやってもダメなんだ」「自分の人生に希望はない」と自分をあきらめていました。しかし、この言葉を聞いて、まるで目の前に道がパーッと開けた感じがしたのだとか。

「そうだ！　過去ばかりにとらわれて、うじうじ悩むのはやめて、過去をひっくり返すような未来を創ればいいんだ」と彼は前を見て生きることができるようになったのです。

この友人の名前は、橘《たちばな》 修《しゅう》吾郎《ごろう》さん。現在カウンセラーとして大活躍されています。

いま、受け止めきれないツラい過去に苦しんでいるあなたへ伝えてあげたいこと。

消えるものなら、この記憶を消したいと願っているあなたへ、それでも大丈夫だよって伝えてあげたい。

過去のトラウマが未来を決めるわけじゃないから。

未来が過去を変えてくれるんです。

未来の君が過去の君を救いにきてくれるから、そのときまで、やれることを全部やって待つんだ。どんなときだって未来の君はいまの君を愛してるよ。

過去の見方

過去は変えられる。

未来が過去を変えてくれるのです。

過去を変えるレッスン

どんな未来が出現したら、あなたの過去は書き換えられるだろう？

今日は見晴らしのいいところに行って、おいしいケーキでも食べながら、ウキウキしながら、自分の最高の未来を想像してみよう。

コンプレックスの見方

神様は幸せをプレゼントしてくれない。
神様がプレゼントしてくれるのは、
いつも「〇〇」である。
さて、その〇〇とは?

『３秒でハッピーになる名言セラピー』

僕のデビュー作につながるブログを書き始めたのが２００４年の８月９日です。

この13年で48冊の本を書かせていただきました。

歴史の本を書いたり、名前の本を書いたり、英語の本を書いたり、日本の魅力を伝える本を書いたり、偉人伝を書いたり、漢字の本を書いたり、シロクマやカタツムリの写真に物語を添えさせてもらったり、さまざまな分野で書かせていただきましたが、そのすべての本の根本にあるものは、

どんなものの見方をすれば明るく生きられるか、心晴れやかに生きられるかというテーマです。

48冊、毎回切り口は変わっても、根本となるテーマはすべて一緒です。

どうして、そんな本を書けるようになったのか。それは……。

誰よりも暗くて、明るく生きられなかったからです。

だから、どう考えれば心が晴れやかに生きられるのか、学生の頃から、ずっとずっとずっと研究してきたからです。そのおかげで、いまこうして、ものの見方を伝えることができることに、とても喜びを感じています。

コンプレックスや悩みこそが、自分の才能を最大限に引き出してくれるギフトだったなんて思いもしなかったです。

「祈り～サムシンググレートとの対話～」（白鳥哲監督）という映画のエンディングで、このような詩が流れます。

南北戦争　無名の南軍兵士の祈り

大きな事を成し遂げるために強さがほしいと神に求めたのに
謙虚さを学ぶようにと　弱さを授かった

偉大なことができるようにと健康を求めたのに
より良きことができるようにと　病弱さを与えられた

幸せになろうとして富を求めたのに
賢明になるようにと　貧しさを授かった

人々の賞賛を得ようとして力と成功を求めたのに
得意にならないようにと　失敗を授かった

人生を享受しようとあらゆるものを求めたのに
あらゆることを喜べるようにと　命だけを授かった

求めたものは何ひとつとして与えられなかったが
願いはすべて聴きとどけられた

神のみこころに沿わぬ者であったにもかかわらず
声に出して言わなかった祈りもすべてかなえられた
私はもっとも豊かな神の祝福を受けたのだ

神様は、僕に、ものの見方を伝えるスペシャリストとしての役をプレゼントするのに、赤面症で、ひとみしりで、根暗な性格をプレゼントしてくれたのです。

神様、僕を赤面症にしてくれてありがとう。

神様、僕を暗い性格にしてくれてありがとう。

おかげで、僕はこの本を書けました。

おかげで、僕はあなたとこうして出会えました。


神様は最初から幸せをくれない。

神様がプレゼントしてくれるのは、幸せに変わる「不幸」です。

大学の頃、まわりとまったくなじめずに、友達もできず、家に帰ったら4畳半の部屋にひとり暮らし。あまりに寂しくなり、ひとり泣いたこともありました。「このままでは死にたくない、このままでは死にたくない。助けてください」とひたすらノートに書き綴った日もありました。

あのとき、
どうして、こんなに寂しいんだ。
どうして、こんなに切ないんだ。
どうして、こんなに苦しいんだ。
って、孤独感がグルグルグルグルグル、胸の奥底で渦巻いてました。
当時は、彼女がいないから寂しいんだって思っていました。
でも、いまの僕は、それだけじゃなかったってわかるんです。
あの寂しさを僕は乗り越える必要があったからだとわかるんです。
なんのために?

今日、こうして出会う、あなたの心を明るくするためです。

これまでの悩みやコンプレックスやツラかった日々は、振り返ってみたときに、未来に僕が出会うであろう人の心を明るくするためにあったんだってわかるんです。

あなたのいまの悩みだってそうです。
未来において、いつか出会う人のハートに希望を灯《とも》すために、
いま、あなたは悩んでいるんです。
そう思ったら、乗り越えられるよね？
後悔することもあるでしょう。
涙することもあるでしょう。
受け止めきれない悲しみに打ちひしがれる日もあるでしょう。
でも、それらは全部、未来の糧《かて》となる。

過去はすべて未来の糧にできるんだ！

いまはそうポジティブに考えられなくたっていいんです。
振り返ったときに、そう思える日がきますから。
未来は君の味方だから、変化を受け入れて生きていこう。

大丈夫。過去は君の味方だ。
未来も君の味方だ。
君は君でいま、最高の道を歩んでいる。

悩み、コンプレックスの見方

悩みとは、未来の希望の種。いつの日か、君が出会う人の心を明るくするための糧です。
コンプレックスとは、君が史上最高の君になるためのスペシャルギフトです。

悩みの背後にある希望に目を向けるレッスン

あなたのいま抱えている悩みをひとつ思い浮かべてください。
そのことで、あなたが得たことはなんでしょう？
そのことで誰と出会えたでしょうか？
そして今度は未来に向かってこう問うてみます。
この体験によって、何を学ぼうとしているんだろう？
この苦しみを乗り越えることで、あなたはどのように成長しているだろう？
この問題を克服したときに、どのような幸せを手に入れているんだろう？
すべての悩みは、あなたの愛を深めるために存在してるのです。

ラストメッセージ

人生の見方

インドの王様の、ある家臣は
「これについて、おまえはどう思う?」と
王様から聞かれると、
必ずあるセリフを言ったそうです。
その結果、王様からたいへん信頼されました。
さて、その家臣のセリフとは?

『「これでいい」と心から思える生き方』（野口嘉則《のぐちよしのり》著）のなかに、インドの王様、ジャナカ王の逸話が書かれていました。このものの見方をぜひ最後にシェアさせてください。

ジャナカ王の家臣にアシュタバクラという者がいました。その男は、王様から「これについて、おまえはどう思う？」と聞かれると、いつも決まって、あるセリフを言いました。王が何をたずねても、アシュタバクラが決まって言うセリフはこうでした。

「起こることは、すべて最高でございます」

何が起きても、そう言われたら悪い気はしない。その結果、彼は王様からとても信頼されました。しかし、やがて、他の家臣たちが、アシュタバクラに嫉妬するようになり、ある日、王様が手にケガをしたとき、ワナにはめられてしまうのです。家臣たちが、アシュタバクラに「王様がケガをされたことを、どう思う？」と聞いてきたのです。これに対して「起こることは、すべて最高」と答えたら、王のケガを喜んでいるようにもとられます。さあ、アシュタバクラどうする？　彼は答えました。

「起こることは、すべて最高でございます」

すぐに家臣たちは王様に告げ口をしました。

「王様！　アシュタバクラは、王様のケガのことも最高と言っております」

怒った王様は、アシュタバクラを牢屋に入れてしまいました。

そして、王様が狩りに出かけたある日のこと。王様は〝人食い部族〟に捕まってしまったのです。その部族は儀式のときに人を生け贄《にえ》として火あぶりにします。王が火あぶりになる直前、彼らは王の手にケガがあることに気づきます。この部族には、傷ものは生け贄にできないというしきたりがあったので、「もうお前に用はない」と王様は放免されました。無事に帰って来ることができた王は、アシュタバクラを牢屋から出してあやまりました。

「わしが手にケガをしたのは、おまえの言う通り最高の出来事であった。どうすれば、この過ちをつぐなえるだろうか？」

アシュタバクラは言いました。

「もしも、私を牢屋に入れてくださらなかったら、私はいつも狩りでは王様の側から離れないので、いっしょに捕まっていたことでしょう。そして、ケガをしていない私は、生け贄になっていたことでしょう。だから、私は牢屋に入れていただいて最高だったのです」

王様はここで悟ります。

「人生で起きることは、本当にすべて最高なのだ」と。

アメリカの成功者たちへのアンケートを見ても、そのことがわかります。

彼らがあげた成功した理由のベスト3。それは……。「病気」「倒産」「失恋」でした。

あの病気のおかげで……。一度倒産したおかげで……。失恋したおかげで……。すべて、いわゆる不幸ばかりです。失望したくなるようなことばかりです。

しかし、彼らはこのツライ出来事を、「自分を深く見つめ直す機会」に変えて、生き方を改めたのです。すると、災いは転じて福となったのです！

つまり、**「失望」すら「希望」の一部なのです。**

最後に、僕の友人の例もあげましょう。

てんつくマンの名前で知られる彼は、映画を撮ろうと、吉本の芸人をやめたのはいいものの、撮りたい映画をつくるのに、制作費として6000万円かかるとわかったのです。しかも、彼がお金を貯めるためにやっていたのは、路上に座って、筆と墨で

「あなたの目を見て言葉を書きます」という路上詩人。

１日の売り上げは、最初は３５０円だったそうです。**日給３５０円です。**

仮に１日３５０円の稼ぎで、６０００万円を稼ぐとなると、17万１４２９日かかる計算になります。ざっと４６９年かかるわけです。室町時代に始めたとしたら、今頃、ようやくたまる金額です。しかし彼は、できる、できないで考えて行動したわけじゃないんです。これで６０００万円稼ぐんだと覚悟を決めて、路上に座ったんです。しかし売り上げはのびず、新興宗教と間違われたり途方にくれる毎日だったそう。

そんなある日、「私のために１枚書いてほしい」と言う女子高生が現われました。彼女を見ていたら言葉がストーンと頭の中に落ちてきてスラスラと手が動き出したそう。

すると、てんつくマンの書いた詩を見て彼女はボロボロと涙を流し始め、「ありがとう。私、がんばってみる」と言い残し笑顔で帰っていかれた。てんつくマンは、それまでは「自分は無力で、世の中の役に立っていない」と自分を卑下していたのが、

この瞬間、**こんな自分でも人の力になれる**と確信に変わったそうです。

そこからは劇的に変わり、1日の売り上げが1万円を超えるようになり、事務所をつくり、個展をやれるようにまで活動は広がっていきました。

しかし、1日1万円でも、6000万円をためるには16年かかります。

なにかを変えなきゃと思っていた矢先に、

なんと、事務所が火事になったのです！

火事になっても、そのままその日の予定を続行して、個展会場に行き、焦げ臭いにおいをさせながらオープニングトークで「皆さん、実はまさにめっちゃホットな報告があります。なんと、今、事務所が火事になりました！　ホットすぎます！」というわけで、ぜひ書籍やグッズを大人買いしてください」と笑い話にして話したのだとか。すると、グッズが、爆発的に売れたのです。

さらに、火事になってもがんばっている姿に感動した香川県のある百貨店さんでは、「キミの夢を叶える！」とテレビCMを50回ちかくも流してくれて、個展の大宣伝をしてくれました。

すると当日、会場は人で溢れて一週間で７００万円の売り上げになり、最終日はありがたくて泣きながらの書き下ろし。百貨店のスタッフの方たちも一緒に泣いていたそうです。

その火事のおかげで、一緒に映画を撮ろうと夢見ていた仲間の気持ちがひとつになり、なんと、11カ月で、６０００万円の売り上げとなり、映画「１０７＋１～天国はつくるもの～」をつくることができたのです。

あの火事から奇跡が始まったのです。

つまりは、こういうことです！

人生で起きることは、
すべて最高なのだ！

最悪は最高にできるんです。
あなたが、この出来事を最高にしてみせると覚悟を決めた瞬間に。
覚悟を決めるのに要する時間は……
そう、０・１秒！

最悪でこそ笑え。
最悪の中で鼻歌だ。
その鼻歌こそ
「最悪」が「最高」に変わる瞬間《ファンファーレ》だ。
最高が君を幸せにする。
最悪が君を優しくする。
人生は１００年の夏休み。
さあ、なにして遊ぼうか。

エピローグ

「とおちゃん、とおちゃん、木にいたんだよ。カブトムシが!!!」

そう興奮してつかまえてきたカブトムシを、息子はカゴに入れて大事に玄関で飼っていました。

しかし、ある日のこと。僕が家に帰ったとき、玄関で息子がちょうどカブトムシにエサをあげており、「おおおお。カブト見せて。見せて」と、カゴからとりだして、僕が角のところを持ち上げようとした瞬間、

パタパタパタ……。

突然、カブトムシは空高く舞い上がり、そのまま夜の闇に消えていってしまったの

です。

「……」

声をあげることもできず、ただ呆然とする息子。僕は、息子が大事にしてたカブトムシを逃がしてしまったのです……。

しかし、息子は僕をまったく責めず、ただこう一言。

「とおちゃん、カブトムシって飛ぶんだね。初めて見たよ」

でも、そう言う息子の肩はガックリ落ちていて、僕は切なかった。

それを知ったカミさんが一言。

「気持ちよかっただろうな〜。カゴから抜け出して飛ぶとき、カブトムシ、気持ちよかっただろうな〜」

息子の大事にしてたカブトムシを逃がしてしまい、自分を責める僕。

そんな僕を気遣い、まったく僕を責めなかった息子。

逆にカブトムシの気持ちに思いを馳せて興奮している妻。

その全体図を見て笑っている娘。

同じ出来事でも織りなされるこころの動きはそれぞれです。

僕の痛恨のエラーが妻には、カブトムシの逆転満塁ホームランに見えている。

僕は自分を責めていて、息子は、そんな僕を思いやってくれて、妻は、カブトムシの起死回生の逆転劇に胸躍らせている。

「悲しみ」と「思いやり」はきっと双子の兄弟。

悲しみの生まれるところ、同時にその背後にはそっと思いやりが生まれているんです。


この10年間、僕はずっと本を書いてきました。

多くの方から、「ひすいさんの本で人生が変わった」「励まされた」ってお声をいただきました。でもそれは、逆。

僕から見れば、まったく逆で、あなたのおかげで人生を変えてもらった10年でした。読んでくれる人がいて、初めて作家という仕事は成り立ちます。僕は本を書くというこの仕事が大好きです。その僕を支えてくれているのは、まぎれもなく、あなたです。

あなたがこの地上に存在してくれるおかげで、僕はこうしてワクワク、本を書いていられるのです。

コンサルタントの大久保寛司《おおくぼかんじ》先生から、「人」という字の意味を教えてもらいました。

「人」という字は右側の棒が左側の棒を支えているように見えます。じゃあ、よりそいかかっている左の棒を取り除くと、どうなるでしょうか?

支えていたはずの右の棒まで倒れてしまいます。

もたれかかっているように見えた相手が、実は自分を支えてくれていたわけです。

自分が支えていると思った相手から、実は、支えられている。

それがこの人生の真実です。
だから、日本人はこう言ったのです。

「おかげさま」

あなたのおかげで、こうしてまた新しい本を生みだすことができました。
あなたのおかげで、今日も僕はワクワク生きていられます。
あなたのおかげです。
だから、最後の最後に、あなたに伝えたかった言葉を贈ります。

生まれてきてくれてありがとう！
そして、この本を手にしてくれて心からのありがとう！
あなたが大好きです！
え⁉　大切な友達の分まで買って配ってくれるって？
ほんとうにありがとう！
さらに好きになりました（笑）。

いま、自宅の窓からは、青く澄みわたる空に雲がふわっと浮かんでいるのが見えています。

僕にはわかる。

この清々《すがすが》しさこそ、あなたの心そのものであると。

ひすいこたろう

解説　「留置所のなかで、ものの見方ブーム⁉」

古田真一と申します。

ひすいさんの本の紹介文を書かせていただけるなんてとっても幸せです。というのも、僕はひすいさんの、『ものの見方検定』（文庫化に際して『犬のうんちを踏んでも感動できる人の考え方』と改題）に人生を救ってもらいました。

この本のおかげで「最悪」を「最高」に変えることができたんです。

今では、すっかり、ひすいさんと仲良くさせてもらっているのですが、実はご縁を頂いたのは留置所なんです！（笑）

「えっ⁉　警察の留置所の中で？？？」

と、思いますよね。そこで、まずは、僕の自己紹介といきさつをお話しさせていただきます。

僕は、大阪の八尾《やお》というところで保険の総合代理店の会社の経営と、もうひとつ『大阪とらふぐの会　佐一郎屋敷』という、会員制の隠れ家のふぐ屋の家主をさせていただいています。27歳から保険の会社の経営を始めたんですが、素晴らしいお客さんに恵まれ、またその皆さんに応援して頂けたおかげで、会社を経営してちょうど10年になるのですが、おかげさまで1000人を超えるお客さんに恵まれ支えていただいてます。

そして、今いてくれるお客さんのおかげで、家族が笑顔になれる家を建てることができました。

僕が今まで住んでいた実家は300坪もあり、1000年以上続いている古い旧家でした。

そこに両親が住んでいたんですが、歳を取ってきたこともあり、広すぎて住みにくいと、両親もマンションを買い引っ越しました。

空き家になった家の使い道を任された僕は、この家を売ろうと決めました。両親も納得してくれ、大工さんに家を売ると言うと、「こんな旧家は今の時代、なかなかないから潰すのはもったいない」と言われました。

実家の場所は村の中で、本当に不便な所ですから、「どういう使い方ができるんだろう」と思ったのですが、その時に、「今いてくれる1000人のお客さんが喜んでくれる場にしてみたいなぁ」と。それで、何をしたときにお客さんに喜んでもらえたか思い返してみると、「大阪とらふぐの会」が浮かんだんです。

そこはマンションの一室を使い、会員制にしてあり、お店の看板もない、そんな超隠れ家のふぐ屋さんなんですが、ここに招待したときに、お客さんがみんな喜びを超えて、とっても感動してくれたのを思い出しました。

「そうだ！　ふぐ屋のオーナーさんにこの家を使ってもらえないか相談してみよう」

言うのはタダだしと思い、すぐに相談に行ってみました。

すると、オーナーさんはこう言ったのです。

「今マンションの一室でやってますが、マンションでやるのは飽きました。ちょうどあと一店舗、大阪で出店を考えているところですが、その一店舗は古い旧家でやろうと先日ひらめいたんです」

その言葉にびっくりして、

「今日はその相談も兼ねて食事に来させてもらいました！」と言うと、オーナーさんもビックリして、すぐに実家を見に来てくれました。

家を見るなり、「本当に不便な場所で、お店をやるには最低な場所ですね」と。

「ただ、隠れ家としては最高の場所じゃないですか」と言ってくれて、「一緒にやりましょう！」と、なんと、ふぐ屋の家主になることができました。


僕は古田家18代目になるのですが、ふぐ屋のオーナーさんのおかげで、先祖代々続いた家を潰す事なく活かしていただき、それによってご先祖様、家族、お客さん、いま縁ある人に喜んでもらえる場にしていただけてオーナーさんには感謝の気持ちでいっぱいです。

2015年の8月にオープンしてから、自分の中では夢や目標を遥かに超える毎日が続いておりました。「幸せだなー♪」って毎日だったんです。

が、なんと、このあと、急に逮捕されてしまったんです。

あれは2016年の5月24日だったんですが、新聞に載り、連日ニュースで放送され、ヤフーのトップ記事まで飾ってしまいました。理由はお客さんに養殖のふぐの肝を提供していたことでした。

大阪の条例では提供してはいけないもので、喜んでもらいたい一心でやっていたのですが、出してはいけないものを出していたことは事実で、そこはきちんと反省して罰金という形で罪を償いました。

逮捕されたその日から22日間、留置所に放り込まれたのですが、そこでの生活がとても過酷でした。連日8時間にも及ぶ、必要以上に厳しい取り調べがあり、生まれてからいままでの生い立ちを一日何回も何回も同じ話を繰り返し話させられ苦痛でした。

また、生活する部屋は四畳もなく、そこにもうひとりの受刑者と、むきだしで置かれたトイレのある場所で、共同生活です。

夜21時以降は就寝になるのですが、その時間からはトイレを流す音がうるさいため、うんちをしても流せません。部屋の相方である31番からは、(留置所に入ると、名前じゃなく番号で呼ばれます。ちなみに僕は54番)、「うんちをするなよ!」と言われていましたが、31番は自分はうんちをするんです。そのにおいは朝まで消えませんから、めっちゃくさくて腹が立っていました。

就寝とともに消灯になるのですが、部屋の中の灯りだけは消えなくて、電気の光は、もろ顔に当てられっぱなしです。

下を向いて寝たり、ふとんをかぶって寝ることは許されず、ずっと顔に光が当たったままでまぶしくて寝ることができません。そして、次の日からはまた厳しい取り調べがはじまります。

留置所生活4日目には本当につらくて目の前のすべてが暗くなっていました……。

そんな時、一日10分だけ面会が許され、妻が面会に来てくれたのですが、その時に、ひすいさんの本、『ものの見方検定』を差し入れで持ってきてくれました。

この本に書かれている、ものの見方をさっそく実践してみたくなりました。だって、まさにいま、自分がいる場所は、ものの見方しだいで、全てを好転させるための実験にはもってこいの場所だったからです。

まずは留置所に入ってる現実をどういう見方にしてみると良いかと考えてみました。

当初は、「人として絶対に入ってはいけないところに入ってしまった」と思っていましたが、「いや待てよ、ここはセレブの奥様が『古田君、昨日までモナコに旅行にいってたのよぉ♪』と言えても、『昨日まで留置所に入ってたのよぉ♪』とは絶対に言えない場所だよな。どんなお金持ちでも、いくらお金を積んでもここには入れないぞ」という見方をしてみたら、これは、人と違う、貴重な体験なのではないかという気がしてきたんです。経験は財産と言いますし。

これが、マイナスの思考スパイラルから、プラスの思考スパイラルに変換した瞬間です。

一日何回も何回も生まれてからの生い立ちを話させられ、苦痛だった取り調べも、「いやいや、これは、いつか人前で自分の話をする機会ができたときの練習をさせてもらってるんだ」と思うようにしました。すると、「こんなにも僕の話を恐い目で一生懸命聞いてくれて、練習させてくれてありがとうございます！」と感謝できるようになりました。

相方の31番が夜、我慢できなくてしちゃう、うんちも、「くさいと思うから腹が立つんだ。これは、このにおいを嗅げば嗅ぐほど良い運がしみこんでくる」と思うようにしました。すると、不思議と31番に対して腹が立つことがなくなったのです。

そして夜、もろ顔に当てられる光がまぶしくて寝れないのも、「いやいや、これはまぶしいと思うから寝れないいんだ。これは後光の光が僕を優しく包み込んでくれる、とっても有難い光だ」と思うようにしました。

そう思うと何かに守られてるような気がして毎晩、爆睡できるようになったのです。

この大革命は僕だけじゃもったいないと思って、相方の31番にも『ものの見方検定』を読ませてあげました。すると、本を読んだ31番が、僕にすごいことを言ってくれました。

ちなみに31番は覚醒剤で留置所に入っていたのですが、そんな31番が、「54番、この本を読ませてくれてありがとう。もっと早くこの本に出会っていたら、俺の人生はこうなってなかったと思う……」と。

良い本との出会いは人を変える力があるんだと強く思いました。

この本を読んでからの31番は、人が変わったようになりました。こわもてだった31番でしたが、『ものの見方検定』を読んでからは、子供のような無邪気な笑顔を見せてくれるようになり、お互い冗談も言い合えるくらい仲良しになりました。

この本の中に登場する名言、「どんな悲しみや苦しみも、必ず歳月が癒してくれます。そのことを京都では『日にち薬』と呼びます」（282ページ）

これは瀬戸内寂聴さんの名言なんですが、31番はこの名言にいたく感動したようで、

「54番！　おれも負けずに名言作るで！」と張り切って作ってくれました。

「悪いこと、人を傷つけることをすると、必ず自分に返ってきます。

そのことを留置所では『自業自得』と呼びます」

31番の才能が開花された瞬間です（笑）。

何とも言えない重苦しい空気、暗黒の空間だった留置所が、ひすいさんの本のおかげで明るく感じれるようになりました。そしていよいよ、ものの見方を鍛えてくれた留置所を出ることになり、罰金を払って出所しました。

留置所を出てから、どうしてもひすいさんにお礼がしたくて、本の最後にひすいさんのメールアドレスが書かれていたので、そのアドレスに自己紹介と逮捕までの経緯、そしてひすいさんの本のおかげで救ってもらった感謝を、お顔を見て伝えさせてください、とメールしました。

すると、2カ月くらい経ったある朝、嬉しいことに、ひすいさんから返信をいただきました。そこには「古田さん、面白いですね。12月3日に大阪で講演するのですが、よかったら遊びに来ませんか？」と書かれてありました。

お顔を見てお礼の言葉を伝えたい一心で12月3日、ドキドキしながら講演会に行きました。

はじめてお会いするひすいさんが、優しいオーラ全開だったことが嬉しくて、「はじめまして、古田です」と言うと、「あー、逮捕されてた方ですねー」と言ってもらい（笑）、それから、「今日は僕の講演会だけど、よかったら古田さんも前に出て話してくれませんか？」と。僕は今まで人前で話したことはなく、しかもこの講演会は100名もの人が参加していました。

でも、ものの見方に大革命を起こしている僕は「これはチャンスだ！」と思い、「ぜひお願いします！」と答えていました。そうは言ったものの、席に着いた僕は心臓が飛び出るくらいバクバクしてきました。

講演がいざはじまると、ひすいさんがいきなり「今日は僕の友達が留置所から遊びに来てくれました。前へどうぞ！」とめちゃくちゃな紹介をしてくれました（笑）。

講演のステージに上がり、100名もの席に座った人たちを見ると緊張で頭が真っ白になってしまいました。やばい……。

ところがです！

頭が真っ白になってる自分とは別に、もう一人の自分がスラスラ自分の自己紹介をするではありませんか！

自分でもこれはどういうことだ？と思ったら、思い当たる節がありました。

「そうか！　留置所で毎日何回も何回も生まれてからの生い立ちをしゃべらされてたことが今ここに活きたんだ！」

あれほど厳しく取り調べしてくれた警察の方を抱きしめてお礼を言いたくなりました（笑）。

自己紹介を話し終わると、講演に参加してる人たちから「めちゃめちゃ話が面白いから講演してください」と言ってもらい、この日の講演主催者の方まで「次の2月の講演の講師がまだ決まってないんで、お願いできませんか？」と言ってくれました。

ひすいさんの顔を見るとニコニコしてくれていて、「古田さん、良かったですね。2月の講演会、僕も聞きに行きますね」と言ってもらい涙が溢れそうになりました。

逮捕という「最悪の出来事」を、この本のおかげで「最高の出来事」に変えてもらうことができました。

それからの僕は、本業の保険の仕事、ふぐ屋の家主、そして全国で講演させていただくという、奇跡のような幸せな日々を送らせていただけるようになり、なんと保険の仕事でも日本一のトップセールスマンにまでさせていただきました。

まさか逮捕後に、逆にお客様が応援してくれて日本一にさせていただく現実が待っているとは夢にも思いませんでした。

まさに「最悪」は「最高への扉」になりました。もう感謝しかありません。

一見、不幸な出来事も、ものの見方しだいで変えることができるんだ、ということを学ばせていただきました。


人生はいつからでもやり直せる。

過去の出来事や、してしまったことは変えられないけど、そのとらえ方、ものの見方はいくらでも変えられる。それによって人生はいつからでも素晴らしい方向に運ばれる。

今を幸せに生きることで、未来もまた幸せになる。

『ものの見方検定』からそう教えてもらいました。

最後になりますが、この本を手に取ったあなたが、これからさらに素晴らしいものの見方を身につけられ、より一層の幸せな毎日を過ごされることを願って紹介文とさせていただきます。

ひすいさん、文庫化おめでとうございます。

そしていつも感謝しています。ありがとうございます。

古田真一

特別付録

最後に、ひすいこたろうが選りすぐった、
とびっきりの「見方名言」をプレゼントします。
名言とは、ものの見方の達人たちが辿り着いた珠玉の言葉たち。
「そう考えればいいのか！」というエッセンスが凝縮されています。
そんな珠玉の言葉たちを対談形式にアレンジしてお届けいたします。

わたし、失恋しちゃったんです。

「せっかく失恋したんだから、これを歌にしなくちゃ」

俵万智（歌人）

いや、でも私、歌つくらないし。

「どんな悲しみや苦しみも、必ず歳月が癒してくれます。
そのことを京都では『日にち薬』と呼びます」

瀬戸内寂聴（作家）

もう、たくさん傷つきました。

「傷ついたのは、生きたからである」

高見順（作家）

もう、お先まっくらです。

「お先真っ暗というのはすげー前向きな言葉だよ。
真っ暗なんだよ。どこがいけないんだよ。
そんなかにすっげー誰も見たことがない、
どんなに勉強したってわかりっこない素晴らしいものが
隠れてるかもしんない」

甲本ヒロト（ミュージシャン）

机のお花も枯れちゃうし。

「花が咲こうと咲くまいと生きていることが花なんだ」

アントニオ猪木（元プロレスラー）

人生って、ほんと、思い通りにいかない。

「思ったことが全部実現できたら危ない。

3回に1回くらいがちょうどよい」

松下幸之助（パナソニック創業者）

この先が不安なんです。
「不安を取り除くなんてできないんだから、
不安なままで安心しなさいな」
小泉吉宏（漫画家）

もう、なんだかよくわからなくなってきました。

「最初はみんなようわからんのです」

孫正義（ソフトバンク創業者）

気晴らしにゴルフに行ったら遅刻しちゃうし。

「仕事じゃないんだから真面目にやれ」

タモリ（ゴルフに遅刻した付き人に対して）（タレント）

釣りに行っても釣れないし。

「釣れないときは魚が時間を与えてくれたと思えばいい」

ヘミングウェイ（作家）

気がすすまない～。

「物事、気が進まないくらいの方が、いろんなことがよく見える」

北野武（映画監督・タレント）

結局、始末書かかなきゃいけなくなっちゃったし。

「当社では、始末書を一度も書いていない営業マンは、店長に昇格させない」

小山昇（武蔵野社長）

なんでだろう？

「『なんでだろう』から仕事は始まる」

小倉昌男（元ヤマト運輸社長・会長）

もう、自分を責めちゃいます。

「どうして自分を責めるんですか？
他人がちゃんと、必要なときに責めてくれるんだから、
いいじゃないですか」

アルベルト・アインシュタイン（物理学者）

また三日坊主だし。

「三日坊主OK！　三日間も続けばたいしたもの」

松岡修造（元男子プロテニス選手）

ドン底です。

「どん底でこそ、笑え」

西原理恵子（漫画家）

わたし、遠回りしちゃったかな～。

「大きなまわり道をしたけれど、
でもそれがあなたの道だったの」

ミヒャエル・エンデ（作家）

ああああ。こんなときに家が火事だーーーー。

「こんな大きな火事にお目にかかる機会はめったにないから、じっくりと見ておくがいい」

トーマス・エジソン（研究所が火事になって）（発明家）

なにもなくなっちゃった……。

「自分にないものは求めなくていい」

藤原美智子（ヘア&メイクアップアーティスト）

私の人生、意味あるのかなー。

「思い煩うことはない。人生は無意味なのだ！」

モーム（作家）

じゃあ生きてるだけでもいいの？

「命しかない。けれど、命がある。これが希望である」

団鬼六（作家）

当たり前って、当たり前じゃないのかな。

「百年前ぼくはここにいなかった
百年後ぼくはここにいないだろう
あたり前なところのようでいて
地上はきっと思いがけない場所なんだ」

谷川俊太郎（詩人）

何か始めてみようかな。

「人生では一か八かやってみることが大切です。
宇宙はどっちつかずの態度をとる者を排除する。
私は愛して、失恋したい。私が欲しいのは経験です」

ニコラス・ケイジ（俳優）

結果じゃなくて経験が大切なのね。

「『失敗』と書いて『けいけん』と読む」

乙武洋匡（作家）

そうか、失敗を恐れなくていいのか。

「成功や失敗ではなく、この壁を超えてみたい」

栗城史多（登山家）

この本、期待してなかったけど、意外にいい本だったな。

友達に貸そうかな。

「本を人に貸してはならない。

貸した本は戻ってこない。

私の書斎に残っている本は、

人からの借り物ばかりだ」

アナトール・フランス（作家）

「さあ、全て伝え終えた。

いよいよ君の人生の快進撃が始まるね。

おめでとう！」

ひすいこたろう（天才）

出典　参考文献一覧

「オレの夢は一生実家暮らし」MUSUKO（夢出版）
「漢字幸せ読本」ひすいこたろう＋はるねむ（KKベストセラーズ）
「秋元康の仕事学」NHK「仕事学のすすめ」制作班（NHK出版）
「一生を変えるほんの小さなコツ」野澤卓央（かんき出版）
「日本一の大投資家から教わった人生でもっとも大切なこと」本田晃一（フォレスト出版）
「「お役に立つ」生き方」木村秋則（東邦出版）
「目に見えないけれど、人生でいちばん大切なこと」木村秋則　鍵山秀三郎（PHP研究所）
「奇跡のリンゴ」石川拓治（幻冬舎）
「致知」2007年4月号（致知出版）
「ココロの教科書」ひすいこたろう＋スズキケンジ（大和書房）
「天職」秋元康　鈴木おさむ（朝日新聞出版）
「佐賀のがばいばあちゃん」島田洋七（徳間文庫）
「大切なことに気づかせてくれる33の物語と90の名言」西沢泰生（かんき出版）
「仕事道楽」鈴木敏夫（岩波新書）
「折り返し点　1997～2008」宮崎駿（岩波書店）
「出発点［1979～1996］」宮崎駿（徳間書店）
「ソウル・オブ・マネー」リン・トウイスト　牧野内大史　訳・監修（ヒカルランド）
「キン肉マン」ゆでたまご（集英社）

「名言セラピー幕末スペシャル　The Revolution!」　ひすいこたろう（ディスカヴァー・トゥエンティワン）
「世界一ふざけた夢の叶え方」　ひすいこたろう＋菅野一勢＋柳田厚志（フォレスト出版）
「暴走族　絵本作家になる」　のぶみ（ワニブックス）
「起こることは全部マル！」　ひすいこたろう＋はせくらみゆき（ヒカルランド）
「ほとんどすべての人のための神様学入門」　村松恒平（洋泉社）
「生命の暗号」　村上和雄（サンマーク出版）
「未来が輝く魔法の言葉100」　福島正伸　写真　野寺治孝（玄光社）
「癒されながら夢が叶う！　問題解決セラピー」　矢野惣一（総合法令出版）
「僕が正観さんから教わったこと」　高島亮（風雲舎）
「南北相法」　水野南北　岩崎春雄訳（緑書房）
「食は運命を左右する」　水野南北　玉井礼一郎訳（たまいらぼ出版）
「水野南北とその思想」　牧野正恭・田中一郎（大阪春秋社）
「サイン」　龍＆アニキ（RHブックス・プラス）
「『これでいい』と心から思える生き方」　野口嘉則（サンマーク出版）
「あきらめない生き方」　てんつくマン（サンクチュアリ出版）
「癒しの言葉」　いのちの言葉編集部編（ハルキ文庫）
「成功の言葉」　いのちの言葉編集部編（ハルキ文庫）
「勇気の言葉」　いのちの言葉編集部編（ハルキ文庫）
「智慧の実のことば」　糸井重里編（ぴあ）
「20世紀名言集（大経営者篇）」　A級大企業研究所編（情報センター出版局）

「松岡修造の人生を強く生きる83の言葉」松岡修造(アスコム)
「思わずニヤリとする言葉」晴山陽一(青春出版社)
「はてしない物語」ミヒャエル・エンデ　上田真而子・佐藤真理子訳(岩波書店)
「『なんでだろう』から仕事は始まる!」小倉昌男(PHP研究所)
「問題解決セラピスト養成講座」スズキケンジ　http://www.nscenter.jp/school/
「朝日新聞デジタル」http://www.asakyu.com/column/?id=493
「シネマトゥデイ」http://www.cinematoday.jp/page/N0057203
「グローバル・リッチ・サイト」http://www.globalrichlist.com/
「幸せな家庭を築く心理学」矢野惣一　http://ameblo.jp/mentalconsultant/
「てんつくマンオフィシャルブログ　YES IS LOVE」http://ameblo.jp/tentsukuman-san/

編集協力

ミッチェルあやか(hisuibrain)

Special thanks

小林正観　衛藤信之　矢野惣一　スズキケンジ

次はここでお逢いしましょう。

LINEを登録いただくと、名言セラピーが届きます。

https://lin.ee/THXQGa0

本の感想やファンメールも寝ずにお待ちしています。

インスタDMから→　@hisuikotaro

本書は、２０１４年11月弊社より単行本『ものの見方検定』として
発行されたものを改題し、加筆・修正のうえ文庫化したものです。

祥伝社黄金文庫

犬《いぬ》のうんちを踏《ふ》んでも感動《かんどう》できる人《ひと》の考《かんが》え方《かた》
——ものの見方《みかた》クイズ

平成30年7月20日　初版第1刷発行
令和 7 年3月10日　　　第9刷発行

著　者　ひすいこたろう

発行者　辻　浩明

発行所　祥伝社《しょうでんしゃ》

〒101－8701
東京都千代田区神田神保町3－3
電話　03（3265）2084（編集）
電話　03（3265）2081（販売）
電話　03（3265）3622（製作）
www.shodensha.co.jp

印刷所　萩原印刷

製本所　ナショナル製本

Printed in Japan　ⓒ 2018, Kotarou Hisui　ISBN978-4-396-31738-6 C0130